plurall

D1679726

Parabéns!
Agora você faz parte do **Plurall**, a plataforma digital do seu livro didático! Acesse e conheça todos os recursos e funcionalidades disponíveis para as suas aulas digitais.

Baixe o aplicativo do **Plurall** para Android e IOS ou acesse **www.plurall.net** e cadastre-se utilizando o seu código de acesso exclusivo:

AAAEDTPT2

Este é o seu código de acesso Plurall. Cadastre-se e ative-o para ter acesso aos conteúdos relacionados a esta obra.

@plurallnet

@plurallnetoficial

SOMOS
EDUCAÇÃO

Projeto Ápis

ANNA MARIA CHARLIER

Bacharela e licenciada em História pela Universidade de São Paulo (USP).
Bacharela e licenciada em Geografia pela USP. Ex-professora, diretora e supervisora dos Ensinos Fundamental e Médio nas redes pública e particular do estado de São Paulo.

MARIA ELENA SIMIELLI

Bacharela e licenciada em Geografia pela Universidade de São Paulo (USP).
Professora doutora em Geografia e professora livre-docente do Departamento de Geografia – Pós-graduação, USP.
Ex-professora dos Ensinos Fundamental e Médio nas redes pública e particular do estado de São Paulo.

HISTÓRIA

5º ANO

Ensino Fundamental

editora ática

editora ática

Presidência: Mario Ghio Júnior

Direção de Soluções Educacionais: Camila Montero Vaz Cardoso

Direção editorial: Lidiane Vivaldini Olo

Gerência editorial: Viviane Carpegiani

Gestão de área: Tatiany Renó

Edição: Luciana Nicoleti (coord.) e Érica Lamas

Planejamento e controle de produção: Flávio Matuguma, Juliana Batista, Felipe Nogueira, Juliana Gonçalves e Anny Lima

Revisão: Kátia Scaff Marques (coord.), Brenda T. M. Morais, Claudia Virgilio, Daniela Lima, Malvina Tomáz e Ricardo Miyake

Arte: André Gomes Vitale (ger.), Catherine Saori Ishihara (coord.), Nicola Loi (edição de arte)

Iconografia e tratamento de imagem: André Gomes Vitale (ger.), Claudia Bertolazzi e Denise Durand Kremer (coord.), Tempo Composto (pesquisa iconográfica), Fernanda Crevin (tratamento de imagens)

Licenciamento de conteúdos de terceiros: Roberta Bento (gerente), Jenis Oh (coord.), Liliane Rodrigues, Flávia Zambon e Raísa Maris Reina (analistas de licenciamento)

Ilustrações: Cláudio Chiyo, Danillo Souza, Estúdio Gerra, Ivan Coutinho, Rodval Matias, Vanessa Alexandre

Cartografia: Eric Fuzii (coord.) e Robson Rosendo da Rocha

Design: Talita Guedes da Silva (proj. gráfico e capa)

Ilustração de capa: Barlavento Estúdio

Logotipo: Saulo Dorico

Todos os direitos reservados por Somos Sistemas de Ensino S.A.
Avenida Paulista, 901, 6ª andar – Bela Vista
São Paulo – SP – CEP 01310-200
http://www.somoseducacao.com.br

Dados Internacionais de Catalogação na Publicação (CIP)

```
Charlier, Anna Maria
   Projeto Ápis : História : 1º ao 5º ano / Anna Maria
Charlier, Maria Elena Simielli. -- 4. ed. -- São Paulo :
Ática, 2020.
   (Projeto Ápis ; vol. 1 ao 5)

Bibliografia

1. História (Ensino fundamental) Anos iniciais I. Título
II. Simielli, Maria Elena III. Série

                                              CDD 372.89
20-1297
```

Angélica Ilacqua - Bibliotecária - CRB-8/7057

2022
Código da obra CL 750413
CAE 721288 (AL) / 721287 (PR)
ISBN 9788508195664 (AL)
ISBN 9788508195671 (PR)
4ª edição
5ª impressão
De acordo com a BNCC.

Impressão e acabamento: Bercrom Gráfica e Editora

Uma publicação  SOMOS EDUCAÇÃO

Apresentação

Caro aluno,

Com este livro queremos convidar você a aprender História de maneira prazerosa.

Você vai viajar no tempo por meio de textos e de imagens, localizando e relacionando fatos em diferentes momentos históricos. Assim, você vai refletir sobre a própria história, comparando suas experiências com as vividas por outras pessoas em diferentes espaços e tempos.

O presente traz marcas do passado, assim como o futuro terá marcas do presente. Por isso, é importante estudar o passado para compreender o mundo em que vivemos. Como você vai perceber, a história é viva.

Estudar e compreender a História é um grande passo para você se tornar um cidadão participante do lugar onde vive e das transformações da sua comunidade.

Vamos juntos?

As autoras

Conheça seu livro

Este livro contém quatro unidades. Cada unidade tem dois capítulos.

Abertura de unidade

No início de cada unidade há uma ilustração e algumas questões para despertar o seu interesse pelo tema que será estudado.

Abertura de capítulo

Imagens, textos e atividades orais estimulam você a conversar com os colegas sobre os assuntos que serão estudados.

Saiba mais

Textos, imagens e atividades para você ampliar seus conhecimentos e aguçar a sua curiosidade.

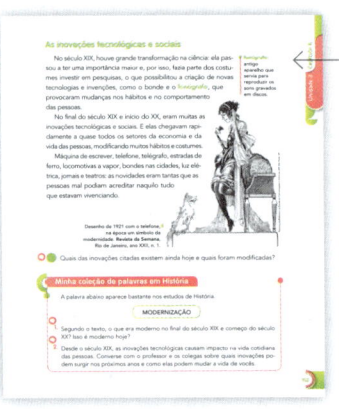

Para facilitar a compreensão dos textos, o significado de algumas palavras será apresentado na própria página: no **vocabulário**.

Minha coleção de palavras em História

Ao longo dos capítulos e ao final de cada unidade, você vai encontrar atividades que exploram o contexto e o sentido de algumas palavras importantes para a disciplina.

Com a palavra...

Entrevistas com diferentes profissionais farão você perceber que o conhecimento também pode ser adquirido além dos livros.

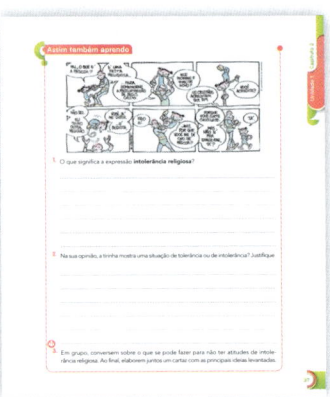

Assim também aprendo

Histórias em quadrinhos, tirinhas e brincadeiras vão ajudar no seu aprendizado.

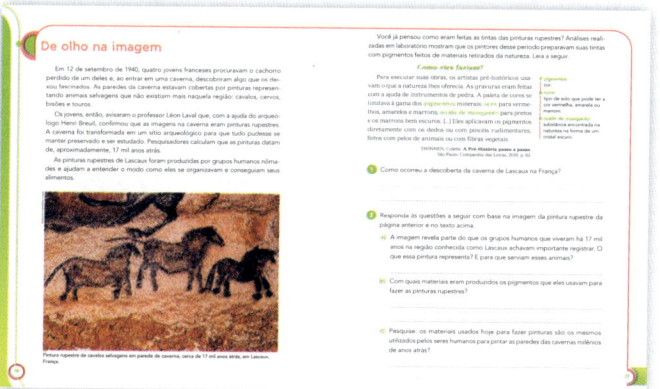

De olho na imagem

Você sabia que imagens também são fontes históricas? Nesta seção, você vai aprender História por meio da leitura de imagens.

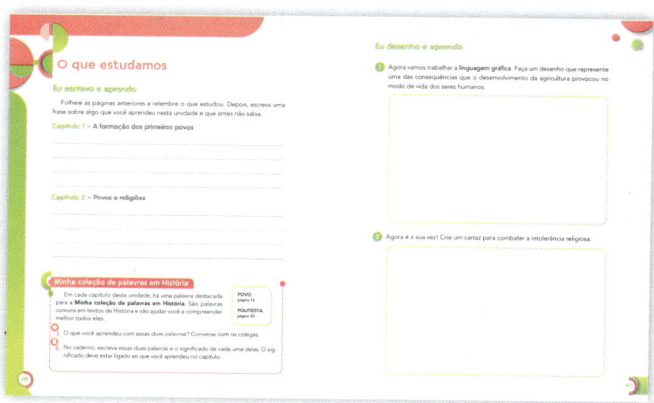

O que estudamos

É o encerramento da unidade de estudo. Aqui você vai trabalhar a escrita e o desenho, retomar o que foi estudado, bem como refletir sobre o que aprendeu.

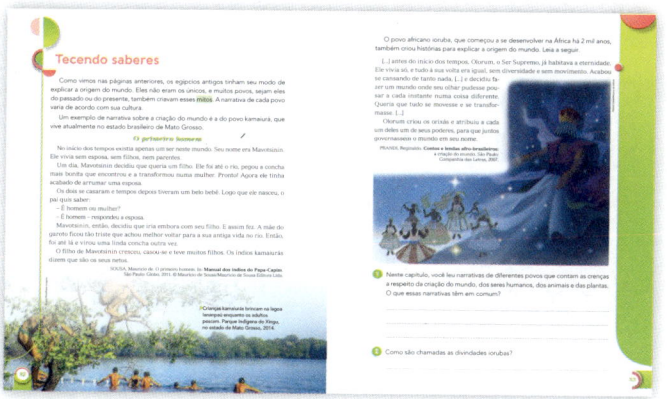

Tecendo saberes

Aqui você vai entrelaçar os conhecimentos da História com os saberes de outras disciplinas.

Material complementar

Acompanha o livro do aluno:

Ápis divertido

Jogos que exploram os temas estudados e imagens para você utilizar em algumas atividades do livro.

Caderno de atividades

Atividades para você praticar o que aprendeu em cada unidade.

Glossário

No final do livro você encontra o significado de palavras destacadas no texto, importantes para o estudo de História.

Ícones

Atividade oral

Atividade em grupo

Atividade em dupla

Atividade no caderno

Pesquise

Sumário

Vanessa Alexandre/Arquivo da editora

Danilo Souza/Arquivo da editora

1 Os povos e as culturas

Vanessa Alexandre/Arquivo da editora

- A ilustração representa um sítio arqueológico com pinturas feitas pelos seres humanos há muito tempo. Você já visitou algum desses locais ou leu algo sobre eles?

- Você sabe se existem sítios arqueológicos como esse no Brasil?

1 A formação dos primeiros povos

De onde vêm os nossos alimentos?

Para iniciar

Leia a letra da canção abaixo e responda às questões.

Terra molhada

Arei a terra arrumei o meu roçado
Deixei o chão preparado pra plantar e pra colher
Vivo torcendo pra que as nuvens alimentem
Toda sede da semente, tô rezando pra chover.
[...]
Vai chover, vai chover,
Sopro de brisa anuncia a chuva mansa no sertão
Neste ano o que eu plantar vou colher
Não vai faltar o pão, não vai faltar o pão.

JOSELITO; VICTOR, José. Terra molhada.
Intérpretes: Lourenço e Lourival. In: **Terra molhada**.
São Paulo: RGE, 1998. 1 CD. Faixa 10.

1. De que trata a canção?

2. Atualmente, a maior parte dos alimentos vem do campo. Como você se alimentaria se a agricultura não fosse conhecida?

3. Converse com os colegas e o professor sobre a importância da agricultura para as sociedades humanas.

Os seres humanos vieram da África

Segundo a Organização das Nações Unidas (ONU), há 193 países no mundo atualmente. Alguns desses países são muito grandes, como a Rússia, e outros são menores, como a Croácia. Em alguns países, a população fala muitas línguas, como ocorre no Níger. Em outros, há uma língua que predomina, como no Brasil.

Se levarmos em consideração a ideia de povo, a quantidade é ainda maior. Segundo o IBGE, só no Brasil existiam 305 povos indígenas no ano de 2010. Isso ocorre porque um povo pode viver somente em um país ou espalhado por territórios de dois ou mais países. O povo curdo, por exemplo, vive em territórios pertencentes a quatro países: Turquia, Irã, Iraque e Síria. Já na China, que é um país, vivem vários povos, mas todos eles têm a nacionalidade chinesa.

Muitas pessoas saem do país em que nasceram e migram para outro. Nesse lugar geralmente conhecem uma nova cultura, aprendem outra língua e convivem com um ou mais povos. Elas também podem adquirir a nacionalidade do novo país, como muitos estrangeiros que vieram morar no Brasil e que hoje possuem nacionalidade brasileira.

> A definição das palavras destacadas está no **Glossário**, página 174.

Curdos celebram festival que marca o início da primavera, em Diarbaquir, Turquia, 2017.

1 Podemos dizer que há somente um povo no Brasil? Por quê?

_____

_____

2 Todas as pessoas que moram no Brasil possuem a nacionalidade brasileira?

_____

_____

Ilvas Akengin/Agência France-Presse

O nomadismo dos primeiros povos

Embora a divisão do mundo em países seja familiar para a maior parte das pessoas hoje em dia, esse tipo de organização é um acontecimento recente na história. Os países foram sendo criados milhares de anos depois do surgimento da humanidade.

Especialistas afirmam que os primeiros seres humanos modernos surgiram há cerca de 200 mil anos, na África. Eles não tinham um território fixo e se mudavam constantemente, ou seja, eram **nômades**. Esses povos:

- viviam da caça, da pesca e da coleta de vegetais;
- partiam para novas terras em busca de alimentos ou de segurança quando eram ameaçados por outros grupos humanos;
- fabricavam instrumentos com materiais retirados da natureza e os usavam para caçar, preparar a comida, coletar produtos e lutar contra inimigos;
- moravam em cavernas ou em moradias feitas de peles, palha, madeira, entre outros materiais.

Moninul Bhuiyan/Agência France-Presse

Ainda há muitos povos que mantêm o modo de vida nômade. O povo san, que vive nos territórios da Namíbia, Botsuana e África do Sul, é um deles. Mulher dança em festividade tradicional san em Botsuana. Foto de 2015.

1. Com a ajuda do professor e dos colegas, pesquise sobre o modo de vida de outros povos nômades da atualidade. Depois, conversem sobre as principais descobertas.

2. Comparando o texto acima e as informações pesquisadas por vocês, quais atividades realizadas pelos primeiros povos nômades ainda são feitas em nossos dias?

A expansão dos primeiros grupos humanos pelo planeta

Os primeiros grupos humanos nômades, aos poucos, se espalharam da África para outras regiões do planeta. Muitos estudiosos afirmam que esse processo se iniciou logo depois do aparecimento desses grupos humanos há cerca de 200 mil anos. Outros afirmam que as primeiras migrações só ocorreram por volta de 70 mil anos atrás e duraram mais de 50 mil anos.

Observe no mapa abaixo as migrações que eles fizeram para a Europa, a Ásia e a América.

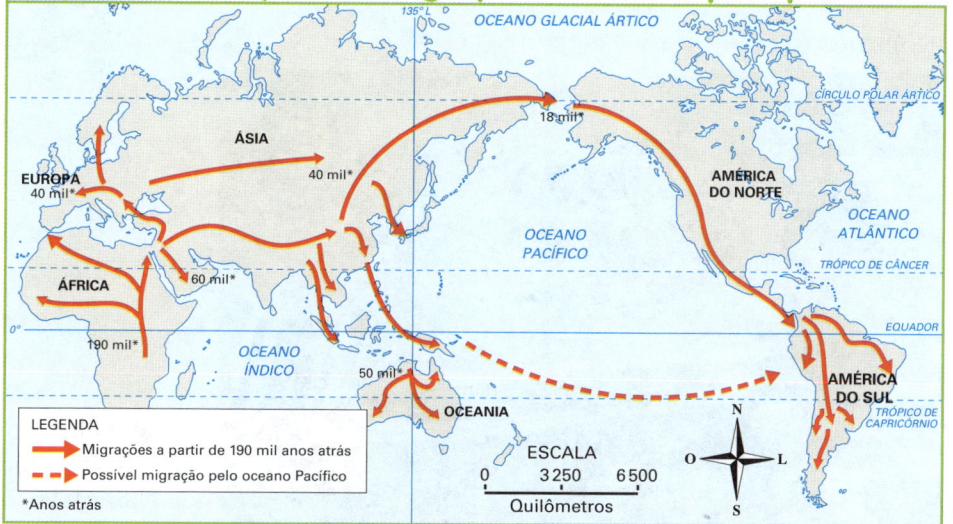

HARARI, Yuval Noah. **Sapiens**: uma breve história da humanidade. Porto Alegre: L&PM, 2015. p. 21.

1. Você já tinha visto um mapa como esse? Qual é a principal informação que ele apresenta?

2. Converse com o professor e os colegas sobre o percurso das migrações dos primeiros seres humanos.

3. Para registrar acontecimentos que ocorreram há vários milênios, os historiadores e outros especialistas costumam dizer que eles ocorreram tantos anos atrás ou há tantos anos antes de Cristo.

   a) Nosso tempo atual é contado a partir do nascimento de Cristo. Em que ano depois de Cristo você nasceu?

   b) Com a ajuda do professor, faça uma linha do tempo que comece na provável origem do ser humano na África e termine no ano de 2025. Marque os seguintes acontecimentos: quando os seres humanos chegaram à Ásia e à Europa; o ano 1, considerado o início do calendário cristão; a data do seu aniversário. As datas antes do nascimento de Cristo deverão ser acompanhadas da sigla **a.C.** e as depois do nascimento de Cristo, da sigla **d.C.**

4 Leia o texto do quadro abaixo.

> Com esses deslocamentos, os grupos humanos foram se afastando uns dos outros e criando modos de vida diferentes, o que resultou na formação de povos e culturas diversos.
>
> Assim, ao longo de milhares de anos, formaram-se sociedades muito diferentes na América, na África, na Europa, na Ásia e na Oceania.

- Agora, veja a foto abaixo. Converse com os colegas e responda: Por que as pessoas retratadas se vestem de forma diferente dos povos indígenas do território brasileiro?

Stephen Coyne/Alamy/Fotoarena

Casal inuíte, povo que habita a região de Nanortalik, na Groenlândia, trajando roupas tradicionais. Foto de 2016.

Minha coleção de palavras em História

Você deve ter notado a presença de um termo bem importante nesta página. Esse termo é bastante usado por historiadores e estudiosos:

POVO

- Converse com seus colegas o que vocês conhecem a respeito dos povos que vivem no Brasil e escreva abaixo uma frase sobre eles.

_____

_____

_____

Registros rupestres

Durante o processo de dispersão pelo planeta, os grupos humanos desenvolveram técnicas para desenhar imagens nas paredes de cavernas e rochas. Esses desenhos são chamados de **pinturas rupestres**.

Muitas dessas pinturas se conservaram até os dias de hoje e são encontradas em sítios arqueológicos pelo mundo. Esses locais são muito importantes para o estudo do modo de vida desses grupos.

Ao estudar as pinturas rupestres, podemos conhecer algumas atividades cotidianas realizadas por aqueles seres humanos, como a prática da caça, os animais caçados na época e usados como parte da alimentação desses povos, etc. Os pesquisadores acreditam que essas pinturas sejam também os primeiros sinais de crenças religiosas dos seres humanos.

Algumas das pinturas rupestres mais antigas datam de cerca de 20 mil ou 30 mil anos atrás. No Parque da Serra da Capivara, no estado do Piauí, por exemplo, há pinturas que foram criadas há aproximadamente 25 mil anos e, antes de serem estudadas por pesquisadores, já eram conhecidas pela população local.

Iderlan Souza nasceu em uma comunidade de 54 famílias, emoldurada por paredões estampados por figuras ocre, desenhadas por homens que viveram há pelo menos 20 mil anos onde hoje é o Piauí. Quando criança, ouvia a mãe, a agricultora Olímpia de Souza Miranda, contar que índios muito antigos tinham feito pinturas naquelas rochas. Mas foi só aos 18 anos que ele entrou, pela primeira vez, em um sítio arqueológico do Parque Nacional da Serra da Capivara.

OLIVETO, Paola. Serra da Capivara tem registros de megafauna, diz pesquisador. **Correio Braziliense**, 20 fev. 2017. Disponível em: <https://www.correiobraziliense.com.br/app/noticia/ciencia-e-saude/2017/02/19/interna_ciencia_saude,574885/serra-da-capivara-tem-registros-de-megafauna-diz-pesquisador.shtml>. Acesso em: 13 abr. 2020.

Rodval Matias/Arquivo da editora

1 Que tipo de informações sobre os modos de vida desses antigos seres humanos podem ser fornecidas pelas pinturas rupestres?

2 Pesquise alguns exemplos de pintura rupestre e faça, no caderno, uma ilustração que tente reproduzir um desses exemplos.

De olho na imagem

Em 12 de setembro de 1940, quatro jovens franceses procuravam o cachorro perdido de um deles e, ao entrar em uma caverna, descobriram algo que os deixou fascinados. As paredes da caverna estavam cobertas por pinturas representando animais selvagens que não existiam mais naquela região: cavalos, cervos, bisões e touros.

Os jovens, então, avisaram o professor Léon Laval que, com a ajuda do arqueólogo Henri Breuil, confirmou que as imagens na caverna eram pinturas rupestres. A caverna foi transformada em um sítio arqueológico para que tudo pudesse se manter preservado e ser estudado. Pesquisadores calculam que as pinturas datam de, aproximadamente, 17 mil anos atrás.

As pinturas rupestres de Lascaux foram produzidas por grupos humanos nômades e ajudam a entender o modo como eles se organizavam e conseguiam seus alimentos.

Bridgeman Images/Glow Images

Pintura rupestre de cavalos selvagens em parede de caverna, cerca de 17 mil anos atrás, em Lascaux, França.

Você já pensou como eram feitas as tintas das pinturas rupestres? Análises realizadas em laboratório mostram que os pintores desse período preparavam suas tintas com pigmentos feitos de materiais retirados da natureza. Leia a seguir.

Como eles faziam?

Para executar suas obras, os artistas pré-históricos usavam o que a natureza lhes oferecia. As gravuras eram feitas com a ajuda de instrumentos de pedra. A paleta de cores se limitava à gama dos **pigmentos** minerais: **ocre** para vermelhos, amarelos e marrons; **óxido de manganês** para pretos e os marrons bem escuros. [...] Eles aplicavam os pigmentos diretamente com os dedos ou com pincéis rudimentares, feitos com pelos de animais ou com fibras vegetais.

- **pigmento:** cor.
- **ocre:** tipo de solo que pode ter a cor vermelha, amarela ou marrom.
- **óxido de manganês:** substância encontrada na natureza na forma de um cristal escuro.

SWINNEN, Colette. **A Pré-História passo a passo**. São Paulo: Companhia das Letras, 2010. p. 63.

1 Como ocorreu a descoberta da caverna de Lascaux na França?

_____

_____

2 Responda às questões a seguir com base na imagem da pintura rupestre da página anterior e no texto acima.

a) A imagem revela parte do que os grupos humanos que viveram há 17 mil anos na região conhecida como Lascaux achavam importante registrar. O que essa pintura representa? E para que serviam esses animais?

_____

b) Com quais materiais eram produzidos os pigmentos que eles usavam para fazer as pinturas rupestres?

_____

_____

c) Pesquise: os materiais usados hoje para fazer pinturas são os mesmos utilizados pelos seres humanos para pintar as paredes das cavernas milênios de anos atrás?

_____

O surgimento da agricultura

Com o passar do tempo, alguns dos povos nômades aprenderam a cultivar cereais e frutas, ou seja, desenvolveram a agricultura. Isso ocorreu há mais de dez **milênios**. Essa invenção é um marco na história da humanidade, porque possibilitou aos seres humanos estocar alimentos, planejar a sua alimentação e, portanto, sua sobrevivência. Além disso, aprenderam também a domesticar animais tanto para produzir alimentos como para ajudar nos trabalhos agrícolas. Entre os anos 12000 a.C. e 9000 a.C., na parte ocidental da Ásia, muitos seres humanos já praticavam a agricultura e a pecuária.

Como não precisavam mais se locomover em busca de alimentos, alguns povos abandonaram o estilo de vida nômade. A agricultura e a pecuária possibilitaram a que eles se tornassem, pouco a pouco, **sedentários**.

Ao longo da história humana, plantas e animais domesticados em uma região foram pouco a pouco sendo levados para outras partes do planeta e ali cultivados.

Muitos vegetais cultivados no Brasil não são originários da América do Sul. Eles foram trazidos para cá principalmente durante a colonização do território brasileiro pelos portugueses.

milênios: cada milênio corresponde a mil anos.

sedentários: aqueles que não se movimentam, que permanecem num mesmo lugar.

Os primeiros cultivos agrícolas

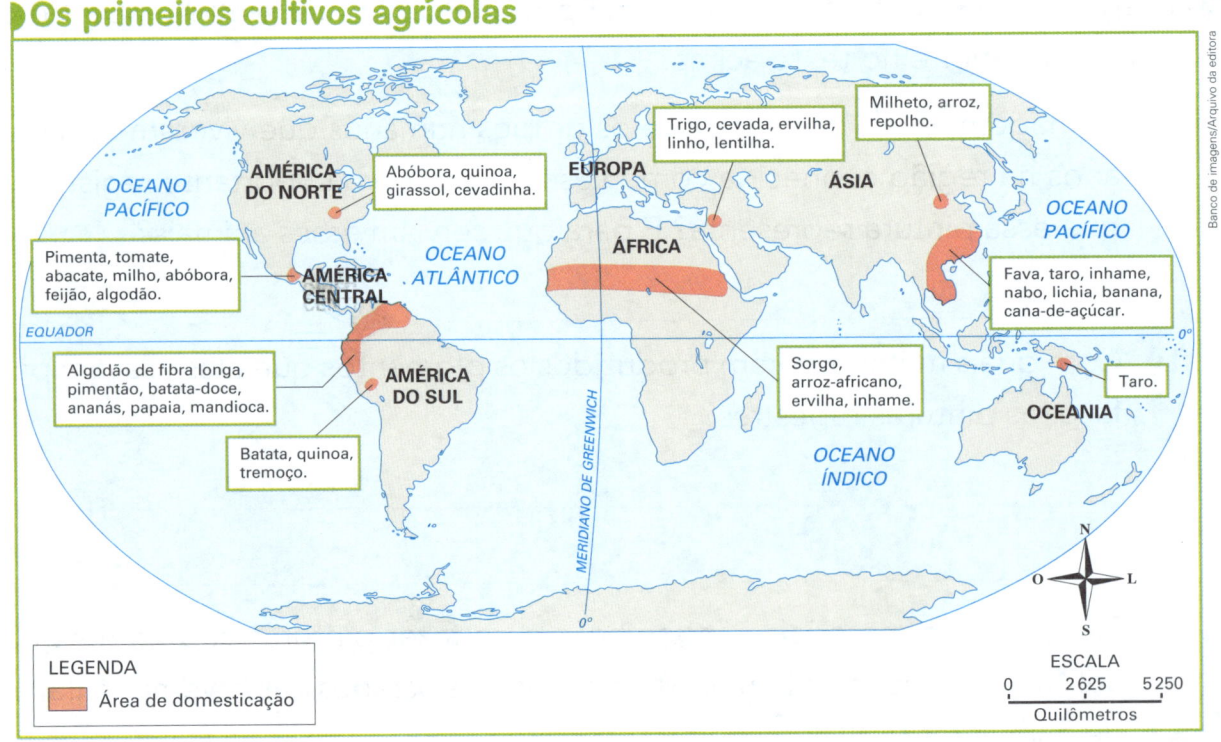

MAZOYER, Marcel; ROUDART, Laurence. **História das agriculturas no mundo:** do Neolítico à crise contemporânea. São Paulo: Ed. da Unesp; Brasília: Nead, 2010. p. 99.

O mapa mostra as regiões do mundo onde alguns alimentos que consumimos hoje foram domesticados.

1 Observe o mapa da página anterior.

a) É possível dizer que os seres humanos aprenderam a cultivar os mesmos alimentos em todos os continentes? Por quê?

_____

_____

_____

b) Quais dos alimentos indicados no mapa você já experimentou?

_____

_____

2 Agora, com um colega, pesquisem em livros, revistas, dicionários e na internet:

a) a origem dos seguintes alimentos ou produtos agrícolas:

arroz: _____

banana: _____

café: _____

cana-de-açúcar: _____

laranja: _____

manga: _____

trigo (para o pão): _____

b) a origem de animais usados nos trabalhos agrícolas ou como alimento:

boi: _____

cavalo: _____

galinha: _____

porco: _____

3 No final, converse com os colegas sobre as informações encontradas.

Os primeiros povoados

Os modos de vida nômade não geravam a necessidade de construir moradias muito resistentes. Porém, com a sedentarização, as populações desenvolveram modos de construir casas e outros edifícios mais resistentes e duráveis, com materiais como madeira, barro ou pedra. Essas construções deram origem a pequenos povoados, espaços em que havia casas para morar, depósitos para os alimentos e estábulos para os animais.

Esse processo ocorreu em várias regiões do mundo, como a América Central, a China e o Oriente Médio, e em diferentes momentos da história, sendo que cada povo interagia de forma diferente com a natureza. Em lugares mais secos, os campos precisavam ser irrigados; em lugares mais úmidos, precisavam ser **drenados**. Nas regiões mais frias, as casas precisavam ser mais protegidas e os mantimentos armazenados para o inverno.

drenar: retirar o excesso de água de um terreno.

Ilustração representando aldeia mesopotâmica de aproximadamente 4 mil anos atrás. Cores fantasia.

1 Converse com o professor e os colegas: o que mostra a ilustração?

2 No caderno, escreva um pequeno texto sobre a importância do que é retratado nela.

Organizar-se para viver bem

Apesar das diferenças culturais, podemos encontrar semelhanças entre os povos nômades do passado: as pessoas trabalhavam juntas para se alimentar e se proteger. Acredita-se que esses grupos tinham líderes, que podiam ser os caçadores ou guerreiros mais habilidosos ou mais fortes. Porém, geralmente, os líderes não podiam tomar todas decisões sozinhos, assim um número considerável de decisões era tomado coletivamente.

Quando os grupos humanos se tornaram sedentários, o número de pessoas começou a crescer. Esse aumento provocou mudanças nos modos como essas pessoas se relacionavam, e assim tiveram de ser criadas novas tarefas para organizar e administrar o funcionamento dessas comunidades.

Inicialmente, as primeiras aldeias eram formadas por um pequeno número de pessoas, geralmente membros de uma mesma família que viviam e trabalhavam juntos.

Com o passar do tempo, as aldeias cresceram mais e deram origem às primeiras cidades. Esse processo levou milhares de anos, mas entre 10 mil a.C. e 5 mil a.C. já existiam cidades em diferentes regiões do planeta.

Hoje, nossas sociedades são formadas por um grande número de pessoas. O Brasil, por exemplo, contava com mais de 210 milhões de pessoas em 2019, segundo dados do IBGE. Estima-se que, no período em que existia somente o nomadismo, os grupos humanos eram formados por apenas algumas dezenas de pessoas.

1 Você sabe como as decisões são tomadas nos grupos em que você participa, como a escola ou a família? Converse com o professor e os colegas e depois anote suas conclusões.

_____

_____

2 Quais são as principais decisões que precisamos tomar para organizar e administrar a comunidade, a cidade, o estado e o país em que vivemos?

_____

_____

A sociedade e a organização do trabalho

Uma das principais consequências do crescimento das cidades foi a especialização do trabalho. Antes, os grupos humanos realizavam todas as tarefas necessárias para a sobrevivência. Porém, a vida nas cidades, com grande quantidade de pessoas, tornou necessário organizar as tarefas de outra forma.

Algumas pessoas passaram a se dedicar à fabricação de utensílios, enquanto outras praticavam o comércio ou exerciam outras tarefas. Por isso, a vida nas cidades deixou de ser igualitária e lentamente as pessoas começaram a se diferenciar entre as que eram consideradas mais importantes e aquelas que eram consideradas menos importantes.

Um dos locais em que esse processo ocorreu foi na região chamada Mesopotâmia, onde surgiram cidades independentes, isto é, que não dependiam de outras. Possuíam governo próprio, com funcionários, soldados e outras pessoas que ajudavam o governante a garantir a ordem, criar leis e cobrar impostos. O governo é uma das instituições do Estado, e tem a função de administrá-lo.

Alguns estudiosos definem o Estado como o conjunto de instituições públicas que representam, organizam e atendem as necessidades e reivindicações da população que habita um território.

Observe a foto abaixo e troque ideias com os colegas: Como vocês imaginam que essas construções eram feitas sem o auxílio de máquinas motorizadas? Como elas poderiam ser feitas hoje em dia?

angela Meier/Shutterstock

Os zigurates eram grandes edifícios religiosos construídos na região do atual Iraque por volta de 3,5 mil anos atrás. Para sua construção, era necessário o trabalho de milhares de pessoas.
Na imagem, zigurate da cidade de Ur, construído em cerca de 2000 a.C. Foto de 2018.

O nascimento da democracia

Nessas sociedades da Mesopotâmia, o governante tinha muito poder concentrado em suas mãos. Porém, em outras sociedades da Antiguidade, surgiram outras formas de organização e de governo, em que o poder do governante tinha limites.

Os gregos, por exemplo, foram um povo que surgiu no segundo milênio a.C. na Europa, em região não muito distante da Mesopotâmia. Eles viviam em cidades independentes e tinham formas variadas de governo.

Na cidade grega de Atenas, no século V a.C., foi criada uma forma de governo em que parte da população participava por meio de assembleias e do voto. Esse tipo de organização política foi chamado **democracia**, apesar de nem todos os cidadãos terem direito de participar das decisões.

A ideia de democracia na Grécia antiga não era a mesma de hoje, em que todos os cidadãos têm direito de participar das escolhas políticas, mas foi um dos primeiros exemplos de regime democrático no mundo.

Serge Mouraret/Alamy/Fotoarena

Colina da Pnyx, onde ocorriam as assembleias e as votações na Atenas clássica. No alto da escada ficava o orador, que defendia suas propostas diante dos cidadãos. Cidade de Atenas, Grécia. Foto de 2017.

1 Pesquise em dicionários, enciclopédias ou na internet o significado da palavra **democracia**. Anote o que você encontrou em uma folha avulsa e traga para a sala de aula.

2 Converse com os colegas e o professor e responda: Em uma democracia, os governantes têm poderes ilimitados? Por quê?

No território que hoje forma o Brasil, antes da chegada dos europeus, os indígenas desenvolveram sua vida social de forma bem organizada e variada. Isso quer dizer que cada cultura indígena tinha sua própria forma de organização social ao longo do tempo.

A organização dos povos indígenas era diferente daquela existente na Mesopotâmia. Em alguns povos, como os Tupinambá, os chefes das famílias se reuniam e tomavam as decisões, enquanto em outros havia um governante: o cacique.

Os povos indígenas eram nômades ou seminômades e desenvolveram uma forma de sociedade que não precisava de um Estado como o que temos hoje. De modo geral, entre as culturas indígenas, todos trabalhavam juntos para a produção de alimentos e dos objetos de que necessitavam, ainda que homens e mulheres pudessem ter papéis diferentes. Muitos desses povos ainda tentam manter características como essas, tão antigas e importantes em seu modo de vida, e lutam para ter esse direito respeitado.

Sugestões de...
Filme
Índios somos nós.
TV Brasil, 2016, 26 min.
Site
Povos indígenas no Brasil mirim.
Disponível em: <https://mirim.org/>.

Renato Soares/Pulsar Imagens

As lideranças kaiapós se encontram na aldeia Mojkarako para uma reunião de todos os benadjure (caciques) das 22 aldeias do território mebengokre, em São Félix do Xingu, estado do Pará, 2016.

Com um colega, escreva um texto explicando a diferença entre a forma de governo da Mesopotâmia e a dos grupos indígenas citados acima.

A democracia no Brasil

O regime político que existe hoje no Brasil também é a democracia, que tem sua origem na Grécia antiga e em outras democracias que existiram ao longo do tempo. Veja algumas características dessa forma atual:

O governo é composto de representantes eleitos e outros funcionários públicos para administrar a população que vive em seu território.

Os representantes da população criam regras, leis e direitos para todos os cidadãos do país. Isso serve para evitar conflitos, disputas e favorecer o bom convívio entre as pessoas.

Os governantes devem:

- manter a ordem da comunidade e garantir o seu bem-estar;
- garantir que todos tenham seus direitos respeitados e que todos colaborem para o funcionamento do país.

O Brasil é uma república federativa democrática, na qual todos os governantes e representantes do povo são escolhidos pelos cidadãos com mais de 16 anos.

Luciana Whitaker/Pulsar Imagens

Eleitor votando em urna eletrônica em posto da Pontifícia Universidade Católica (PUC), na cidade do Rio de Janeiro, no estado do Rio de Janeiro, 2016.

1 Retome a pesquisa que você fez sobre a democracia na página 23 e responda: Na sua opinião, por que a democracia é uma forma de governo importante em nossos dias? Explique.

_____

_____

2 Você sabe como funcionam as eleições no Brasil? Converse com o professor e os colegas sobre esse tema.

A Constituição brasileira

O Brasil foi, a partir de 1500, uma colônia de Portugal. Em 1822, passou a ser um país independente, tornando-se uma Monarquia. Desde 15 de novembro de 1889, o Brasil é uma República democrática governada por um presidente eleito, que deve obedecer à Constituição. Durante o século XX, o país passou por períodos de ditadura.

A primeira Constituição da República brasileira foi aprovada em 1891. Segundo esse documento, somente homens alfabetizados maiores de 21 anos podiam votar. Não podiam votar mulheres, analfabetos, mendigos, soldados e religiosos.

A Constituição atual, em vigor desde 1988, é bem diferente. Hoje todos os brasileiros entre 18 e 70 anos são obrigados a votar, independentemente de sua profissão, sexo ou condição financeira. Os analfabetos, os jovens de 16 a 18 anos e as pessoas com mais de 70 anos podem votar se desejarem, mas não são obrigados. Atualmente, há eleições obrigatórias no Brasil a cada dois anos.

Ulysses Guimarães, presidente da Assembleia Constituinte em 1988, com o livro da Constituição do mesmo ano, na Câmara dos Deputados. Brasília, Distrito Federal.

1. A Constituição de 1988 ficou conhecida como a "Constituição cidadã". Você sabe por que ela recebeu esse nome? Pesquise em livros, revistas e na internet e escreva no espaço abaixo.

2. Na sua opinião, é importante que todos os cidadãos tenham a oportunidade de eleger os seus representantes? Justifique sua resposta.

A conquista do voto feminino

Atualmente, todos os cidadãos brasileiros com mais de 16 anos podem votar para escolher o presidente, os governadores, os prefeitos e outros representantes do povo. Porém, nem sempre foi assim.

Leia o texto abaixo sobre a conquista do voto feminino.

De saia às urnas

Você sabia que houve uma época em que as mulheres simplesmente não podiam votar?

[...] No início [da República], apenas homens com mais de 21 anos que soubessem ler e escrever podiam votar. Somente em 1932 as primeiras mulheres foram às urnas, após um decreto do então presidente Getúlio Vargas.

[...]

Na luta pelo direito ao voto feminino, uma cientista teve papel de destaque: a bióloga Bertha Lutz. Em 1922, ela ajudou a fundar e presidiu a Federação Brasileira pelo Progresso Feminino, organização que buscava promover a educação e a profissionalização das mulheres. Ela não só liderou a campanha pelo voto feminino, como também pelo direito de as mulheres se candidatarem – a própria Bertha foi eleita deputada federal em 1936.

Você pode estar se perguntando: por que toda essa luta para votar? Ora, porque é uma oportunidade importante de participar do futuro do país!

DORNELLES, Camille. De saia às urnas. **Ciência Hoje das Crianças**, 4 out. 2012. Disponível em: <http://chc.org.br/de-saias-as-urnas/>. Acesso em: 7 dez. 2019.

Bertha Lutz, bióloga e feminista brasileira, primeira mulher a ser eleita deputada, em 1936.

Converse com os adultos que moram em sua casa ou que você encontra na escola. Faça as perguntas abaixo e anote as respostas no caderno.

a) Você conhece mulheres que exercem cargos políticos?

b) Você considera o voto importante? Por quê?

2 Povos e religiões

Você já se perguntou como surgiu o mundo?

Para iniciar

Leia o texto abaixo, em que o professor indígena Aturi Kayabi conta como o seu povo explica a origem do dia e da noite.

No início do mundo

No início do mundo as coisas eram todas malfeitas.

Não tinha a noite, só existia o sol.

O dia não tinha fim.

As pessoas trabalhavam sem parar.

[...]

Até que certo dia o pajé pensou em mudar.

Ele pegou duas cabaças de amendoim, uma com amendoim branco e outra com amendoim preto.

Primeiro ele quebrou a cabaça de amendoim preto, e a noite chegou.

[...] ele quebrou a outra cabaça, de amendoim branco, e o dia clareou.

Por isso é que temos o dia e a noite.

KAYABI, Aturi. No início do mundo.
In: **Geografia indígena**.
São Paulo: Instituto Socioambiental; Brasília:
Ministério da Educação, 1988. p. 12.

Rodval Matias/Arquivo da editora

1 Como o povo kayabi explica a origem do dia e da noite? Converse com os colegas.

2 Na sua opinião, como seria o mundo se o dia nunca acabasse?

3 Você sabe o que se costuma fazer no período da noite?

A religião e a cultura

Muitos povos e religiões buscam explicar a origem do mundo e dos fenômenos da natureza por meio da intervenção dos deuses e de outras divindades.

Existem muitas religiões diferentes em nosso mundo. Essa diversidade mostra a importância das crenças religiosas para grande parte das pessoas.

As religiões influenciam a formação e a cultura dos povos, orientando seus adeptos no modo de viver, comer, pensar, entre outros aspectos. Todas elas devem ser respeitadas.

Ao colonizar o Brasil, os portugueses introduziram no país o catolicismo, que é uma religião cristã. Eles acreditavam que todos os povos deviam seguir essa religião e assim começaram a catequizar os indígenas e, posteriormente, os negros escravizados, que tinham crenças religiosas diferentes.

Hoje, no Brasil, diversas religiões são praticadas. Por exemplo, as religiões cristãs, o espiritismo, as religiões afro-brasileiras (como o candomblé e a umbanda), o budismo, o judaísmo e o islamismo, entre outras.

Reprodução/Museu Nacional de Belas Artes, Rio de Janeiro, RJ

Sugestão de...
Livro
A escravidão no Brasil.
Júlio Quevedo, FTD.

▶ **A primeira missa no Brasil**, de Victor Meirelles, 1861 (óleo sobre tela, 268 cm × 356 cm).

1 Converse com os colegas: Por que é importante respeitar todas as religiões?

2 Escolha um colega e, juntos, pesquisem informações sobre duas religiões praticadas no Brasil. Apresentem o trabalho ao professor e aos demais colegas.

Existem crenças religiosas desde o início da humanidade. E nelas sempre estiveram presentes as explicações sobre a origem dos seres humanos, por exemplo. Assim como hoje, na Antiguidade as crenças religiosas também faziam parte do cotidiano das pessoas.

Entre 6 mil anos e 2 mil anos atrás, viveu no norte da África, às margens do rio Nilo, a sociedade do Egito antigo. A religião tinha grande importância na organização do Estado e para a identidade desse povo.

Sugestão de... Livro
O Egito Antigo passo a passo. Aude Gros de Beler, Claro Enigma.

Os egípcios acreditavam em vários deuses, ou seja, eram **politeístas**, e os responsáveis pelos cuidados dos assuntos divinos eram chamados **sacerdotes**. Entre as obrigações religiosas dos antigos egípcios estavam os deveres de alimentar, proteger e divertir os deuses. Para isso, eles criavam templos onde, de acordo com suas crenças, os deuses moravam. Em troca do cuidado, do respeito e dos cultos, os deuses garantiriam a paz e a prosperidade aos egípcios.

Muitos dos deuses egípcios representavam diferentes aspectos da natureza, como a cheia dos rios, as chuvas e o Sol. Existiam também os deuses guardiões das cidades, os responsáveis pela escrita e pelo conhecimento e os protetores das mulheres e das crianças.

Granger/Fotoarena

O deus Osíris, ao centro, acompanhado de sua esposa Ísis e seu filho Hórus. Ouro e lápis-lazúli, cerca de 870 a.C. Osíris era o deus supremo e o juiz do mundo dos mortos.

Minha coleção de palavras em História

Você deve ter notado a presença de um termo bem importante nesta página. Ele é bastante usado por historiadores e estudiosos:

POLITEÍSTA

1. Um dos significados do termo **poli** é numeroso. Ele pode ser usado para criar outras palavras, como poliglota, poliesportivo e policultura. Procure no dicionário o significado delas e escreva-os no caderno.

2. Qual é a palavra antônima de politeísta? O que ela significa?

Saiba mais

Você sabe como os antigos egípcios explicavam a origem do mundo? Leia o texto a seguir.

A criação do mundo

Os egípcios acreditavam que o mundo havia sido criado por Rá, o Sol. No início, o universo não existia. No lugar dele havia o Nun, uma espécie de grande massa de água parada que simbolizava o nada. Desse Nun surgiu o Sol, Rá. Ao cuspir no chão, ele deu origem ao deus Shu (o sopro) e à deusa Tefnut (o calor). Esses deuses se uniram e criaram Geb (a terra) e Nut (o céu), que por sua vez tiveram cinco filhos: Osíris, Ísis, Hórus, Set e Néftis. Na sequência nasceram os outros deuses e, mais tarde, surgiram os homens. Tot, o deus do conhecimento, por exemplo, nasceu do crânio de Rá, num momento de tristeza; Anúbis, o deus da mumificação, era filho de Osíris com Néftis [...].

BELER, Aude Gros de. **O Egito Antigo passo a passo**. São Paulo: Claro Enigma, 2016. p. 11.

Bridgeman Images/Glow Images/Museu nacional Egípcio, Cairo, Egito.

Detalhe de papiro representando o deus Geb (terra), deitado e envolto pelo corpo de sua mulher Nut (céu). Egito, cerca de 1069-945 a.C.

1. Como os antigos egípcios explicavam a criação do mundo?

   _____

   _____

2. Pesquise informações sobre um dos deuses egípcios citados no texto. Escreva as informações que você encontrou em uma folha avulsa. Procure também uma representação desse deus e faça um desenho para ilustrar sua pesquisa.

3. Compare com os colegas se as informações que vocês encontraram são as mesmas. Conversem também sobre o que observaram das características físicas desses deuses.

Tecendo saberes

Como vimos nas páginas anteriores, os egípcios antigos tinham seu modo de explicar a origem do mundo. Eles não eram os únicos, e muitos povos, sejam eles do passado ou do presente, também criavam esses mitos. A narrativa de cada povo varia de acordo com sua cultura.

Um exemplo de narrativa sobre a criação do mundo é a do povo kamaiurá, que vive atualmente no estado brasileiro de Mato Grosso.

O primeiro homem

No início dos tempos existia apenas um ser neste mundo. Seu nome era Mavotsinin. Ele vivia sem esposa, sem filhos, nem parentes.

Um dia, Mavotsinin decidiu que queria um filho. Ele foi até o rio, pegou a concha mais bonita que encontrou e a transformou numa mulher. Pronto! Agora ele tinha acabado de arrumar uma esposa.

Os dois se casaram e tempos depois tiveram um belo bebê. Logo que ele nasceu, o pai quis saber:

– É homem ou mulher?

– É homem – respondeu a esposa.

Mavotsinin, então, decidiu que iria embora com seu filho. E assim fez. A mãe do garoto ficou tão triste que achou melhor voltar para a sua antiga vida no rio. Então, foi até lá e virou uma linda concha outra vez.

O filho de Mavotsinin cresceu, casou-se e teve muitos filhos. Os índios kamaiurás dizem que são os seus netos.

SOUSA, Mauricio de. O primeiro homem. In: **Manual dos índios do Papa-Capim**. São Paulo: Globo, 2011. © Mauricio de Sousa/Mauricio de Sousa Editora Ltda.

Ricardo Teles/Pulsar Imagens

Crianças kamaiurás brincam na lagoa Iananpaú enquanto os adultos pescam. Parque Indígena do Xingu, no estado de Mato Grosso, 2014.

O povo africano ioruba, que começou a se desenvolver na África há 2 mil anos, também criou histórias para explicar a origem do mundo. Leia a seguir.

[...] antes do início dos tempos, Olorum, o Ser Supremo, já habitava a eternidade. Ele vivia só, e tudo à sua volta era igual, sem diversidade e sem movimento. Acabou se cansando de tanto nada, [...] e decidiu fazer um mundo onde seu olhar pudesse pousar a cada instante numa coisa diferente. Queria que tudo se movesse e se transformasse. [...]

Olorum criou os orixás e atribuiu a cada um deles um de seus poderes, para que juntos governassem o mundo em seu nome.

PRANDI, Reginaldo. **Contos e lendas afro-brasileiros:** a criação do mundo. São Paulo: Companhia das Letras, 2007.

Rodval Matias/Arquivo da editora

1 Neste capítulo, você leu narrativas de diferentes povos que contam as crenças a respeito da criação do mundo, dos seres humanos, dos animais e das plantas. O que essas narrativas têm em comum?

_____

_____

_____

2 Como são chamadas as divindades iorubas?

_____

O monoteísmo

Nem todas as religiões dos povos antigos eram politeístas. Algumas delas cultuavam a um único deus. Estas são chamadas religiões **monoteístas**.

Uma das primeiras religiões monoteístas foi o judaísmo. Muitos especialistas no assunto dizem que essa religião começou a se formar por volta do ano 1700 a.C. entre os hebreus, povo que vivia no reino de Israel, nas regiões onde hoje encontram-se os países Israel e Palestina.

Os hebreus seguiam um deus chamado Javé e tinham de respeitar uma série de regras, como cultuar somente a Javé e não comer carne de porco. Essas regras foram escritas em livros sagrados, como a Torá, depois ficaram conhecidos como parte do Antigo Testamento da Bíblia cristã.

Israel e a Palestina – 2010

LE MONDE DIPLOMATIQUE. **L'Atlas**. Paris: Armand Colin, 2010. p. 17; ATLAS DES MIGRATIONS. Paris: Autrement, 2012. p. 10-11.

O judaísmo ainda é praticado e possui muitos seguidores. A maioria deles está em Israel e nos Estados Unidos, mas eles também estão espalhados em vários países do mundo, incluindo o Brasil.

Muro das Lamentações e Cúpula Dourada da Rocha e, ao fundo, a mesquita de Al-Aqsa. Jerusalém, Israel. Foto de 2017. O Muro das Lamentações é uma parte do antigo templo dos judeus, destruído no século I d.C. No século VII d.C., foi construída a mesquita de Al-Aqsa, que existe até hoje. A cidade de Jerusalém é considerada sagrada para o judaísmo, o cristianismo e o islamismo.

1. Escreva no caderno um pequeno texto sobre a principal diferença entre as religiões politeístas e as religiões monoteístas.

2. Converse com o professor e os colegas: qual é a importância da prática de diversas religiões na mesma cidade?

Diversidade religiosa

As duas religiões com o maior número de adeptos na atualidade surgiram do judaísmo: o cristianismo e o islamismo.

Atualmente, há mais de 2 bilhões de cristãos e mais de 1 bilhão de muçulmanos espalhados por todos os continentes.

As duas religiões cultuam a mesma divindade, conhecida como Deus pelos cristãos e como Alá pelos muçulmanos, e estimulam as boas ações e cuidado com o próximo. Além disso, ambas possuem livros sagrados que servem de base para a prática religiosa. O cristianismo está baseado nos ensinamentos da Bíblia, e o islamismo, do Alcorão.

Para os cristãos, a figura principal é Jesus Cristo, considerado filho de Deus, nascido no século I na Palestina. Já os islâmicos seguem os ensinamentos revelados pelo anjo Gabriel ao profeta Maomé, que nasceu no século VI na península Arábica.

Veja mais algumas informações dessas religiões nos quadros abaixo.

Cristianismo

- surgiu no século I d.C. na Palestina;
- espalhou-se pela Europa, pela África e por outras regiões do mundo;
- os cristãos acreditam na continuação da vida após a morte e na **salvação**.

Islamismo

- surgiu no século VI d.C. na região da península Arábica;
- espalhou-se pelo norte da África e pela Europa;
- os seguidores do islamismo também são conhecidos por muçulmanos.

salvação: evento que determina se a pessoa terá vida eterna ou se será condenada pelos seus pecados.

● Cite algumas semelhanças e diferenças entre o cristianismo e o islamismo.

_____

_____

_____

_____

A intolerância religiosa

As religiões influenciam muitos hábitos, tradições e modos de viver das pessoas: alimentação, roupas, festas populares, organização familiar, entre outros aspectos.

Porém, há pessoas que não aceitam a diversidade religiosa e cometem atos de violência contra seguidores de outras religiões. O nome dessa prática é **intolerância religiosa** e é uma grave ameaça à liberdade.

 Leia a seguir o cartaz do Senado Federal sobre a intolerância religiosa no Brasil.

Reprodução/Senado Federal

SenadoFederal

INTOLERÂNCIA RELIGIOSA

O direito de criticar dogmas e encaminhamentos é assegurado como liberdade de expressão, mas atitudes agressivas, ofensas e tratamento diferenciado a alguém em função de crença ou de não ter religião são crimes inafiançáveis e imprescritíveis.

Denuncie: disque 100

- Converse com os colegas e o professor sobre o cartaz da campanha e sobre a religião de cada um de vocês. Lembre-se de que todas as religiões devem ser respeitadas.

Assim também aprendo

1. O que significa a expressão **intolerância religiosa**?

_____

_____

_____

_____

_____

_____

2. Na sua opinião, a tirinha mostra uma situação de tolerância ou de intolerância? Justifique.

_____

_____

_____

_____

_____

_____

3. Em grupo, conversem sobre o que se pode fazer para não ter atitudes de intolerância religiosa. Ao final, elaborem juntos um cartaz com as principais ideias levantadas.

Tradições religiosas e culturais

Ao longo dos séculos, a religião foi usada como justificativa para guerras, extermínio de populações e dominação de grupos sociais. Infelizmente, os conflitos motivados por diferenças religiosas ainda acontecem em nossos dias em muitos lugares do planeta.

Esses conflitos, que também são demonstrações de intolerância religiosa, devem ser combatidos. Uma das formas de estimular a convivência pacífica e harmoniosa entre pessoas de diferentes religiões é incentivar o diálogo. Veja, no texto abaixo, um exemplo de combate à intolerância religiosa.

Berlim terá templo com sinagoga, mesquita e igreja

Berlim vai ganhar um templo multirreligioso: a House of One [em inglês, Casa de Um Só ou Casa de Deus] – o primeiro edifício [...] do mundo a reunir, sob o mesmo teto, uma sinagoga, uma mesquita e uma igreja. [...] a construção será um teste de tolerância.

Na apresentação do projeto à imprensa, [...] o **rabino** Tovia Ben Chorin ficou lado a lado com o pastor luterano Gregor Hohberg e o **imame** Kadir Sanci no futuro canteiro de obras. [...].

rabino: sacerdote do judaísmo.
imame: sacerdote do islamismo.

[...]

"Nós não queríamos simplesmente construir uma igreja", explica o pastor Hohberg. "A cidade se transformou. Gente de todas as confissões vive aqui e quer um lugar onde possa se congregar." Por isso, as três religiões monoteístas vão projetar, construir e habitar juntas a nova casa.

DEUTSCHE WELLE. Berlim terá templo com sinagoga, mesquita e igreja. **Carta Capital**, 15 jun. 2014. Disponível em: <www.cartacapital.com.br/sociedade/berlim-tera-templo-com-sinagoga-mesquita-e-igreja-9302.html>. Acesso em: 7 dez. 2019.

Carsten Koall/Getty Images

O pastor Hohberg, o rabino Ben Chorin e o imame Sanci durante a construção do templo multirreligioso na cidade de Berlim, Alemanha, em 2014.

Converse com os colegas e o professor: Vocês acham uma boa ideia construir um templo multirreligioso?

Celebrações religiosas

Entre as celebrações dos grupos sociais, as religiosas são as mais antigas, sendo preservadas em muitos países e consideradas parte fundamental da identidade. Conheça exemplos de datas importantes entre as três principais religiões monoteístas da atualidade.

A data mais importante para o cristianismo é o Natal, em que se comemora o nascimento de Cristo, que teria ocorrido no dia 25 de dezembro. Os muçulmanos celebram anualmente o Ramadã, um período de jejum e de orações que dura um mês no calendário islâmico. O *Eid al Fitr* é um banquete que marca o fim do Ramadã.

Os judeus comemoram o *Pessach*, a páscoa, ocasião em que se relembra a história da saída dos judeus do Egito, narrada no livro do Êxodo da Torá.

Cristãos em missa de Natal na Catedral de St. John em Manhattan, cidade de Nova York, Estados Unidos da América. Foto de 25 de dezembro de 2016.

Judeus comemoram o *Pessach* em Herford, Alemanha. Foto de 2015.

Muçulmanos em oração durante o *Eid al Fitr* na mesquita Selimiye em Edirne, Turquia. Foto de 25 de junho de 2017.

Pesquise outras duas festividades religiosas em livros, jornais ou na internet. Leve em consideração as seguintes perguntas:

- Essa festividade está relacionada a qual religião?
- As pessoas participam de algum ritual religioso nessa festividade?
- Em quais países essa celebração ocorre?
- Quando essa festividade surgiu?

Manifestações religiosas na cultura brasileira

A cultura popular é o conjunto das manifestações produzidas e vivenciadas por um povo. Fazem parte da cultura popular: costumes, hábitos, cantos, danças, literatura, artes plásticas, festas, saberes e fazeres, transmitidos oralmente de geração em geração.

As religiões contribuem com símbolos, tradições, crenças e festividades, tornando-se manifestações importantes da cultura popular. Esse processo ocorre de maneiras diferentes em várias regiões do mundo.

No Brasil, festividades religiosas ligadas à cultura popular incorporam elementos das culturas indígenas, africanas e europeias, principalmente do catolicismo praticado pelos portugueses.

Quarup no Parque Indígena do Xingu, no estado de Mato Grosso. A festa acontece entre os meses de julho e setembro, e é uma homenagem dos indígenas a seus mortos. Foto de 2016.

Festa de Iemanjá, divindade do candomblé, religião brasileira de origem africana, em Salvador, no estado da Bahia, 2017.

Quadrilha junina em praça do centro da cidade de Bueno Brandão, no estado de Minas Gerais, junho de 2016.

Q 1 Das festas representadas nas fotos acima, qual é de origem indígena, qual é de origem africana e qual é de origem europeia?

2 Em grupo, façam um quadro com os elementos de uma festa junina que vocês conhecem, categorizando-os em: músicas, alimentos, brincadeiras e decoração.

No mês de janeiro, realiza-se em Salvador, na Bahia, a festa em homenagem a Nosso Senhor do Bonfim. Essa festa dura oito dias e tem como momentos mais importantes a procissão e a lavagem da Igreja do Bonfim e de suas escadarias.

Baianas lavam as escadarias da igreja e oferecem água e flores ao Senhor do Bonfim, em Salvador, no estado da Bahia. Foto de 2020.

No mês de maio, em muitos municípios brasileiros comemora-se a Festa do Divino, em homenagem ao Espírito Santo.

Os cavaleiros vestidos de vermelho representam os mouros e os de azul, os cristãos, durante a festa do Divino Espírito Santo, em Pirenópolis, no estado de Goiás. Foto de 2017.

No Brasil, junho não é só o mês das festas juninas. Acontecem também algumas festas de boi. Nos estados do Nordeste, a festa chama-se bumba meu boi; em Santa Catarina, boi de mamão; e nos estados do Norte, boi-bumbá.

Boi de mamão com o mestre Aorelio Domingues em apresentação de grupos folclóricos na cidade de Antonina, no estado do Paraná. Foto de 2017.

Também no mês de junho acontece a festa de *Corpus Christi*. Nessa festa, é comum usar areia úmida, serragem, pó de café, casca de ovos, papel, papelão, tampinhas de garrafa, bolinhas de gude e o que mais estiver disponível para a decoração.

Em outubro, na cidade de Belém, capital do Pará, realiza-se a festa do Círio de Nazaré. Milhares de pessoas carregam pelas ruas da cidade a pequena imagem da Virgem de Nazaré.

Em algumas cidades, como Santana de Parnaíba, no estado de São Paulo, a festa de *Corpus Christi* é a mais rica e concorrida das procissões católicas. Todos os anos enfeita-se o chão das ruas com desenhos coloridos. Foto de 2016.

Em Belém, no estado do Pará, as janelas das casas amanhecem enfeitadas para o Círio de Nazaré. O mais importante é o andor que leva o Círio, da Catedral da Sé até a Basílica de Nazaré. Foto de 2016.

Entre o fim do mês de dezembro e o início do mês de janeiro ocorrem muitas festas, como a Congada, o Natal e a Folia de Reis.

Grupo de congo na Festa de Nossa Senhora do Rosário, em Milagres, no estado do Ceará. Foto de 2016.

3 Troque ideias com o professor e os colegas: quais das festas estudadas nesta página e na anterior acontecem na cidade em que vocês moram?

4 Desenhe no caderno a festa de que você mais gosta na cidade onde mora.

O Carnaval

Algumas festas populares têm origem religiosa, mas hoje são comemoradas por todos, até mesmo os que não praticam a religião.

O Carnaval é uma das festas brasileiras mais populares. Era uma festividade católica comemorada na Europa. No Brasil, recebeu influências africanas e indígenas. A terça-feira de Carnaval é feriado nacional em nosso país.

1 Observe as imagens e leia as legendas.

Reprodução/Fundação Biblioteca Nacional, Rio de Janeiro, RJ.

Dia de entrudo, de Jean-Baptiste Debret, 1835 (aquarela, 18 cm × 36 cm). As brincadeiras carnavalescas no século XIX eram conhecidas como entrudo. Uma das brincadeiras era sair às ruas jogando água ou farinha uns nos outros.

Guilherme Santos/Museu da Imagem e do Som, Rio de Janeiro, RJ.

Carnaval nas ruas da cidade do Rio de Janeiro, no estado do Rio de Janeiro, cerca de 1910.

A. M. Teixeira/Shutterstock

Bloco de Carnaval no bairro de Santa Teresa, no Rio de Janeiro, no estado do Rio de Janeiro. Foto de fevereiro de 2019.

Carlos Ezequiel Vannoni/Fotoarena

Desfile de bonecos gigantes no Carnaval de rua em Olinda, no estado de Pernambuco. Foto de fevereiro de 2015.

• O Carnaval antigo se parece com o de hoje? Por quê?

2 Como o Carnaval é comemorado na região em que você mora?

No Brasil, acontecem festas comemorativas durante o ano todo. Algumas têm origem religiosa, como a Páscoa, e há também as celebrações cívicas, como o aniversário da declaração de independência do Brasil, o Dia do Índio e o Dia da Consciência Negra.

As comemorações ligadas à cultura popular, que celebram as características culturais e históricas de uma região, são conhecidas como festas folclóricas.

Você sabe o que é **folclore**? Leia:

Inglês	Português
Folk	Povo
Lore	Conhecimento

Folclore é o conjunto do conhecimento popular transmitido de geração em geração. Por meio dele podemos conhecer muitos aspectos da história e da cultura de um povo.

O folclore pode ser representado por meio de:

Músicas	Contos	Lendas	Roupas
Poemas	Danças	Provérbios	Artesanato
Festas	Jogos	Crenças	Autos

1. Existem muitos exemplos de lendas e contos folclóricos. Pesquise alguns, selecione o que você mais gostar e depois conte a história para seus colegas.

2. Os provérbios populares fazem parte do folclore de um povo. Leia alguns deles a seguir.

> Não há bem que sempre dure, nem mal que nunca acabe.

> Água mole em pedra dura, tanto bate até que fura.

Domínio público.

• Agora você vai pesquisar em livros, na internet ou com adultos da família, mais cinco provérbios e escrevê-los em uma folha avulsa. Depois, em sala de aula, você e os colegas devem montar um mural com os provérbios e, sob a orientação do professor, conversar sobre o significado deles.

A união de diferentes culturas

Os indígenas e africanos que foram obrigados a se converter ao catolicismo praticavam essa religião a seu modo, combinando influências de seus povos de origem. Por isso, no Brasil, muitas das celebrações católicas incorporaram elementos das crenças desses povos.

Apesar da imposição portuguesa, indígenas e negros escravizados conseguiram manter muitas de suas tradições, que até hoje estão presentes no país e contribuem para enriquecer a cultura popular do Brasil.

Vamos ver mais algumas delas:

Alimentação		
Africana	Portuguesa	Indígena
Azeite de dendê	Quindim	Castanhas
Banana	Trigo	Beiju
Canjica	Bacalhau	Frutas da floresta

Festas, celebrações, danças, ritmos e tradições religiosas		
Africana	Portuguesa	Indígena
Festas de Iemanjá	Festas juninas	Festival folclórico de Parintins
Samba	Carnaval	Dança caiapó
Candomblé	Catolicismo	Cururu
Tambor de crioula	Cantigas de roda	Catira

Instrumentos musicais		
Africana	Portuguesa	Indígena
Agogô	Cavaquinho	Chocalhos
Berimbau	Violão	Maracás

1. Agora que você já sabe a importância de diferentes povos para a formação das tradições culturais e religiosas do Brasil, retome os nomes das festas da cidade onde você mora levantados na atividade 3 da página 42 e pesquise a origem delas. Monte um quadro organizando-as em: origem africana, origem portuguesa e origem indígena.

2. Depois, converse com os colegas e compare as informações presentes nos quadros de todos.

O que estudamos

Eu escrevo e aprendo

Folheie as páginas anteriores e relembre o que estudou. Depois, escreva uma frase sobre algo que você aprendeu em cada capítulo desta unidade e que antes não sabia.

Capítulo 1 – A formação dos primeiros povos

_____

_____

_____

_____

Capítulo 2 – Povos e religiões

_____

_____

_____

_____

Minha coleção de palavras em História

Em cada capítulo desta unidade, há uma palavra destacada para a **Minha coleção de palavras em História**. São palavras comuns em textos de História e vão ajudar você a compreender melhor todos eles.

POVO, página 14.

POLITEÍSTA, página 30.

1. O que você aprendeu com essas duas palavras? Converse com os colegas.

2. No caderno, escreva essas duas palavras e o significado de cada uma delas. O significado deve estar ligado ao que você aprendeu no capítulo.

Eu desenho e aprendo

1 Agora vamos trabalhar a **linguagem gráfica**. Faça um desenho que represente uma das consequências que o desenvolvimento da agricultura provocou no modo de vida dos seres humanos.

2 Agora é a sua vez! Crie um cartaz para combater a intolerância religiosa.

Hora de organizar o que estudamos

Os primeiros grupos humanos viviam de forma nômade. Com o desenvolvimento da agricultura, muitos deles passaram a viver de forma sedentária.

Mulher dança em festividade tradicional san em Botsuana. Foto de 2015.

Com o passar do tempo, alguns dos povos nômades aprenderam a cultivar cereais e frutas, além de domesticar animais para produzir alimentos e ajudar nos trabalhos agrícolas.

Com o aumento populacional, as sociedades sedentárias precisaram criar novas formas de organização para garantir que todas as pessoas colaborassem para o bem-estar da comunidade. Foi assim que houve maior especialização do trabalho e também o surgimento de modos de governar mais complexos, geralmente com o poder centralizado em um governante.

Ao longo do tempo, os grupos humanos criaram diferentes religiões. Algumas delas cultuavam diversos deuses e eram chamadas religiões politeístas. Outras cultuavam apenas um deus e eram chamadas religiões monoteístas.

Baianas lavam as escadarias da igreja e oferecem água e flores ao Senhor do Bonfim, em Salvador, no estado da Bahia. Foto de 2020.

As religiões influenciam muitos hábitos, tradições e modos de viver das pessoas: alimentação, roupas, festas populares, organização familiar, entre outros aspectos.

O povo brasileiro se formou do encontro de diferentes povos. Os principais são: as sociedades indígenas que viviam na América, os africanos escravizados que foram trazidos para cá e os portugueses colonizadores. A combinação das culturas desses povos resultou na diversificada cultura brasileira.

As lideranças kaiapós se encontram na aldeia Mojkarako para uma reunião de todos os benadjure (caciques) das 22 aldeias do território mebengokre, em São Félix do Xingu, estado do Pará, 2016.

Para refletir e conversar

- Dos temas estudados, qual o mais importante para a sua vida neste momento?
- Você teve dificuldade para entender alguma atividade ou alguma explicação?
- É possível que pessoas de religiões diferentes ou mesmo sem religião possam conviver com respeito e em harmonia?

2 A formação da cidadania

Vanessa Alexandre/Arquivo da editora

- O que as pessoas representadas na imagem estão fazendo?
- Na sua opinião, esse tipo de iniciativa é importante? Por quê?
- Como a imagem se relaciona com a palavra **cidadania**?

TODOS JUNTOS CONTRA A DENGUE

#mosquitonão

3 Respeitar quem é diferente

Você acha importante ser respeitado como é? E costuma respeitar as demais pessoas como elas são?

Para iniciar

Leia o cordel para responder às questões

Cordel sobre a intolerância

Será mesmo que o respeito
anda mesmo em desuso?
[...]
A minha simples poesia
tem o poder de alertar:
Se você quiser respeito
aprenda a respeitar
Seja mais inteligente

pois pra alguém diferente
o diferente é você
ninguém no mundo é igual
normal é ser anormal
Não é difícil entender.

BESSA, Braulio. **Cordel sobre a intolerância**. Transcrito de: <http://especiaiss3.gshow.globo.com/programas/encontro-com-fatima-bernardes/poesia-com-rapadura/>. Acesso em: 9 dez. 2019.

Crianças refugiadas, em aula de Língua Inglesa, na escola de voluntariado na ilha de Chios, na Grécia, em 2016.

1 Na sua opinião, o "respeito anda mesmo em desuso"?

2 O cordel fala: "Se você quiser respeito aprenda a respeitar". O que significa isso para você?

A diversidade cultural

Você já aprendeu que as pessoas no Brasil e no mundo são muito diferentes. Os hábitos e os costumes variam por muitos motivos, por exemplo, o país em que as pessoas moram, a origem da família, a religião, a história de vida de cada um, o nível econômico e as condições físicas do lugar onde moram. Apesar de todas as diferenças, devemos respeitar as diversas culturas e personalidades.

As diferenças culturais entre os seres humanos ocorrem há milhares de anos. Conheça alguns elementos que tornam uma cultura diferente das outras:

Língua	Comportamento	Ideias políticas
Religião	Alimentação	Festas
Músicas e ritmos	Construções	Hábitos diários
Técnicas e maneiras de trabalhar		Moradias

As diferenças culturais são o resultado da trajetória dos povos ao longo do tempo, assim como da relação que eles têm com os lugares onde habitam. Por isso, para entender essas diferenças culturais, é importante estudar a história dos povos.

Quando diferentes culturas convivem, podem ocorrer tanto conflitos quanto influências e trocas culturais mútuas, dando origem a transformações, como o surgimento de novas tradições.

Karl/Alamy/Fotoarena

A feijoada é um alimento que faz parte da cultura alimentar do Brasil. É uma adaptação brasileira do cozido português, prato que junta carnes variadas ao feijão branco.

1 Converse com o professor e os colegas para identificar hábitos ligados à cultura brasileira que estão presentes em seu cotidiano.

2 Existem pessoas que têm hábitos diferentes dos nossos, e isso é muito importante. Pense em exemplos e apresente aos colegas.

Os povos indígenas brasileiros

A língua é um dos principais elementos de uma cultura, pois é por meio dela que as pessoas compreendem o mundo, se expressam e se comunicam. À medida que as pessoas mudam, a sociedade muda e a língua também.

Estima-se que havia mais de 1200 línguas indígenas quando os portugueses chegaram ao território que hoje pertence ao Brasil. Isso mostra a enorme diversidade de povos e culturas que aqui viviam.

No início do século XVI, o tupi era uma das línguas indígenas mais faladas pelos povos que viviam no litoral. O contato frequente entre os portugueses e os povos tupis resultou em **intercâmbio** cultural.

● **intercâmbio:** troca entre dois grupos diferentes.

Porém, a violência cometida contra os povos nativos pelos colonizadores europeus, ao longo da história, fez com que muitas dessas línguas desaparecessem. Atualmente, segundo o Instituto Brasileiro de Geografia e Estatística (IBGE), 274 línguas indígenas são faladas no Brasil, e algumas podem ainda desaparecer por causa do pequeno número de falantes.

Saiba mais

A forma como os povos indígenas percebem e marcam a passagem do tempo também é um aspecto importante de suas culturas. Para esses povos, mudanças no ambiente indicam o momento mais adequado para plantar, colher, pescar e caçar. Por isso, eles estão sempre observando o movimento dos astros, o período de reprodução dos peixes, o volume das águas dos rios, as épocas de chuva ou de seca.

Mas não são apenas os indígenas que observam a natureza para organizar parte de suas atividades.

1. Em grupo, entrevistem uma pessoa idosa da comunidade em que você vive. Façam as seguintes perguntas:

   a) Você observa a natureza para marcar o tempo?

   b) Você realiza atividades diferentes relacionadas às estações do ano? Quais?

   c) Você conhece festividades e celebrações que demarcam a passagem do tempo? Quando elas ocorrem?

   d) Que mudanças na sua comunidade você pôde observar até agora?

2. Após a entrevista, escrevam um pequeno texto sobre o que vocês descobriram e leiam para a turma.

Quando os portugueses chegaram, encontraram indígenas, das mais variadas culturas, vivendo em aldeias.

Ainda hoje, a maior parte dos indígenas vive em aldeias. Cada povo constrói sua aldeia de acordo com a sua tradição, o ambiente em que vive e a relação que possui com os não indígenas. A construção das moradias pode ser feita com recursos da natureza, como palha, cipós e madeira; mas algumas comunidades, devido à proximidade das cidades, estão atualmente construindo suas casas com materiais comprados, como telhas e tijolos. Há grupos que constroem grandes moradias para várias famílias aparentadas; outros grupos constroem moradias menores.

O formato das aldeias também pode variar.

As aldeias dos Kalapalo são em formato circular e as moradias são construídas em volta de um pátio. Aldeia Aiha da etnia Kalapalo, no município de Querência, no estado de Mato Grosso. Foto de 2018.

As aldeias dos Yanomami são organizadas em fileiras. Em geral, elas são construídas perto de rios para garantir o abastecimento de água e pesca. Aldeia yanomami Ariabu no município de Santa Isabel do Rio Negro, no estado do Amazonas. Foto de 2017.

Minha coleção de palavras em História

Você deve ter notado a presença de um termo bem importante nesta página. Esse termo é bastante usado por historiadores e estudiosos.

ALDEIA

1. Converse com os colegas e com o professor: todas as aldeias indígenas são iguais?

2. Descreva, no caderno, algumas diferenças entre as aldeias indígenas e as cidades.

Quando entraram em contato com povos indígenas, após 1500, os portugueses perceberam que o trabalho e os alimentos eram divididos entre todos. Homens, mulheres, crianças e idosos tinham tarefas diferentes, mas todos colaboravam para a sobrevivência da aldeia.

Essa característica dos povos indígenas causou espanto aos portugueses, porque na Europa havia muitas diferenças sociais e as riquezas e as terras não eram divididas de forma igualitária entre todos. Na cultura europeia havia a ideia de propriedade privada, enquanto nas sociedades indígenas essa ideia não existia.

As ideias e o modo de pensar também são elementos que podem variar de uma cultura para outra. Como vimos nos capítulos anteriores, as crenças religiosas e a organização política dos indígenas da América também eram diferentes das dos europeus e causavam estranhamento aos portugueses.

Reprodução/Coleção particular

▶ Os hábitos culturais indígenas causaram estranhamento nos europeus. Um exemplo disso foi a dança praticada pelos Tupinambá, que viviam no litoral do Brasil antes da chegada dos europeus. Gravura representando dança tupinambá feita por Théodore de Bry no século XVI.

1 Portugueses e indígenas encaravam a terra e as riquezas de forma diferente. Qual era o ponto de vista de cada um? Converse com os colegas.

2 Escreva uma frase usando as palavras:

> Comunidade   Trabalho   Propriedade

Os povos africanos

Os africanos trazidos para o Brasil também tinham culturas muito ricas e diversificadas. A ideia de família e a relação entre as pessoas que dela fazem parte são exemplos bastante interessantes para conhecermos um pouco dessa diversidade cultural africana. Podemos ainda observar semelhanças e diferenças entre essas famílias africanas e as brasileiras.

Na África, alguns povos consideravam que todos os filhos que nasciam se tornavam parte apenas da família do pai. A mãe e seus parentes não eram considerados da mesma família que o filho. Por outro lado, existiam sociedades africanas em que ocorria exatamente o contrário: os filhos eram considerados da família apenas da mãe.

O trabalho era dividido entre os membros da família. Geralmente, as mulheres eram responsáveis pelo trabalho agrícola, enquanto os homens deviam construir as casas, caçar, cuidar do gado e proteger a família. Em algumas regiões, as famílias formavam pequenas aldeias nas quais todos se ajudavam para produzir alimentos e se proteger de invasores.

O texto a seguir fala da vida das crianças africanas que eram trazidas ao Brasil na época da colonização.

Os anos da infância dividiam-se entre **folguedos** e aprendizado – um aprendizado prático, no qual as crianças acompanhavam os pais na labuta diária. Ao chegarem à **puberdade**, eram afastadas por um breve tempo do convívio da comunidade e, reclusas em cabanas no meio do mato, tomavam conhecimento das tradições do grupo e eram submetidas a rituais de iniciação [...].

- **folguedo:** brincadeira.
- **puberdade:** época da vida em que ocorre a passagem da infância para a adolescência.

SILVA, Alberto da Costa. **A África explicada aos meus filhos**. Rio de Janeiro: Agir, 2008. p. 61.

1 Como era a vida das crianças na África, de acordo com o autor do texto?

_____

_____

_____

2 A vida das crianças na África era parecida com a sua vida de criança hoje?

_____

_____

As aldeias e as cidades africanas no passado

Além de aldeias compostas de familiares, havia outras formas de organização social entre os povos africanos. Alguns, por exemplo, mantiveram a vida nômade, mesmo após o domínio da agricultura. Assim, formavam pequenos grupos que se deslocavam de tempo em tempo pelo continente, buscando caça e terras boas para a plantação de legumes, grãos e frutas.

Em outros locais, desenvolveram-se reinos formados por diversas aldeias e também por grandes cidades, repletas de casas e construções complexas. Esses reinos se estendiam por um território muito grande, como o Reino do Benin, na costa oeste da África.

Representação de construções da cidade de Benin, a capital do Reino do Benin, um importante reino africano entre os séculos XV e XIX. Esse desenho foi feito por um oficial britânico em 1897.

● Observe a imagem e depois responda às questões.

a) Com base na imagem, o que é possível afirmar sobre a cidade de Benin?

_____

_____

b) Todos os povos africanos viviam em cidades parecidas como a capital do Reino do Benin? Por quê?

_____

_____

As técnicas africanas de construção

O modo de construir e as próprias construções permitem verificar a existência de múltiplas culturas no continente africano. Em algumas regiões, as casas tinham terraços, pátios e paredes de pedra, por causa da influência dos costumes europeus. Em outros lugares, as casas eram feitas de madeira, pedras ou barro e cobertas com folhas de árvores.

Outra técnica de construção africana importante é conhecida no Brasil como pau a pique. As paredes eram construídas com pedaços de madeira ou vara e preenchidas com barro socado. Podiam ser usados azeite de dendê, manteigas e óleos para deixar o barro mais resistente e duro. Essa técnica permitia a construção das mais variadas edificações, das menores às maiores, como casas ou prédios religiosos, como as **mesquitas** islâmicas.

mesquitas: edifícios religiosos onde se pratica o islamismo.

O adobe era muito empregado na África. Essa técnica consiste em fazer tijolos com lama, terra, água, grama e outros materiais facilmente encontrados na natureza. O adobe possibilitou a construção da Grande Mesquita de Djenné, localizada no atual território do Mali. Essa mesquita, considerada patrimônio histórico da humanidade, é uma das maiores construções de adobe do mundo.

Julian Lott/Alamy/Fotoarena

Casas de pau a pique na República do Malauí na África, em 2016.

1 Os africanos só construíam casas de pau a pique? Justifique sua resposta.

2 Converse com os colegas e o professor: Quais são as principais formas de construção de casas na comunidade em que vocês vivem?

Os europeus

Os europeus também tinham culturas ricas e diversificadas. Na época da chegada dos portugueses à América, em 1500, muitos reinos europeus haviam acabado de se formar e outros ainda estavam em formação.

Naquela época, a maior parte dos europeus ainda vivia em grandes propriedades rurais. Nelas, os camponeses, em troca de proteção, recebiam terras onde plantavam seus alimentos, construíam suas aldeias e fabricavam a maior parte dos objetos necessários para a vida cotidiana. Para isso, tinham que pagar altos impostos aos proprietários das terras.

As grandes propriedades rurais eram comandadas por um nobre, que tinha autoridade para organizar as leis e cobrar impostos. Era comum que essas propriedades tivessem castelos e, ao redor deles, grandes muralhas de madeira e pedra que ajudavam na defesa do território.

A Igreja católica tinha grande poder e controlava a produção de obras de arte e de livros. Por isso, a cultura europeia era muito marcada pelas ideias católicas.

Mais tarde, no final do século XV e início do século XVI, a Europa começou a se transformar em razão das grandes viagens marítimas, dos grandes descobrimentos e do desenvolvimento do comércio feito com o Oriente. Começaram a surgir algumas grandes cidades, embora bem menores do que são hoje, como Paris, Londres e Lisboa.

Iluminura de manuscrito francês de cerca de 1416 representando o trabalho dos camponeses e um castelo ao fundo.

Reprodução/Museu Condé, Chantilly, França

1 Que tipo de atividade os camponeses estão realizando na imagem acima?

2 Por que havia grandes muralhas ao redor do castelo?

Os alimentos, as habitações e as classes sociais

A alimentação dos europeus naquele período não era muito variada, quando comparada à alimentação de indígenas e africanos da mesma época. Alguns dos principais alimentos eram feitos à base de trigo, como a farinha para produzir pães. Apenas a nobreza consumia carne regularmente.

Os alimentos doces eram feitos com frutas e mel porque o açúcar era um produto caro.

Politicamente, a sociedade na Europa era organizada em três grupos principais: o clero (membros da Igreja), a nobreza e os camponeses.

Uma das formas de diferenciação desses grupos eram as vestimentas. Enquanto a nobreza usava peles, tecidos de seda, roupas coloridas e carregava armas, os camponeses usavam blusas e calções de panos simples e sem cores vivas.

Iluminura do século XV representando os três grupos da sociedade europeia no período.

As habitações eram construídas principalmente com materiais como barro e madeira. Construções mais importantes, como igrejas, castelos e algumas residências da nobreza, podiam ser feitas com pedras e telhas, que são materiais mais resistentes.

Tempos depois, com os grandes descobrimentos e o desenvolvimento do comércio, surge o grupo dos comerciantes, que moravam nas cidades, dando origem à classe dos burgueses.

1 Identifique na imagem acima cada um dos três grupos da sociedade europeia no século XV. Justifique sua escolha.

_____

_____

_____

2 Essa divisão social dos povos europeus também existia nas sociedades indígenas do território que hoje pertence ao Brasil? Por quê?

_____

_____

Tecendo saberes

Neste capítulo, você estudou um pouco da história de alguns povos indígenas, africanos e europeus. Cada sociedade produziu objetos que hoje consideramos obras de arte, com características próprias e que estão ligados à história de cada um desses povos.

As imagens a seguir são exemplos de objetos produzidos por alguns desses povos. Observe-as atentamente e depois responda ao que se pede.

Escultura em bronze produzida pelo povo ioruba, da África, no século XIX, representando a cabeça da rainha de Ifé, cidade que hoje pertence à Nigéria.

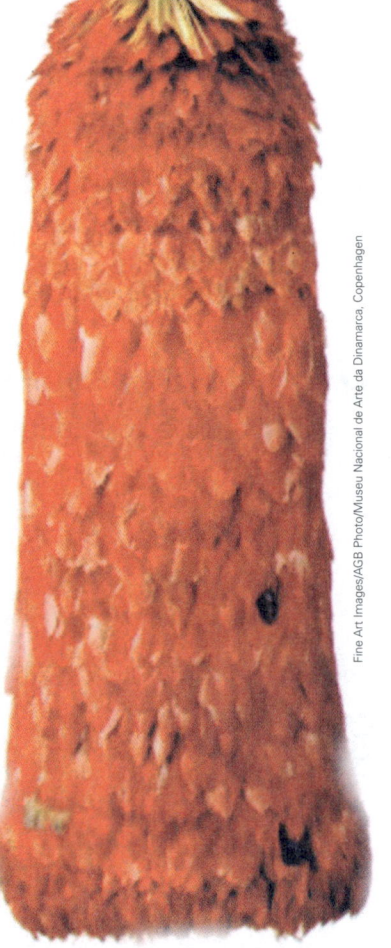

Manto feito por indígenas tupinambás no século XVII, com 1,27 metro de altura e produzido com penas do pássaro guará.

Bridgeman Images/Glow Images/Museu de Marinha, Lisboa, Portugal.

▶ **Retrato de dom João II**, um dos reis de Portugal no século XV (óleo sobre painel).

1 O que há em comum entre a escultura africana e o retrato português?

_____

_____

2 Em grupo, preencham o quadro a seguir com as informações de cada obra.

Nome do objeto	Local de origem	Período em que foi feito	Materiais empregados na confecção da obra

3 Ainda em grupo, pesquisem em livros, revistas, jornais e na internet outros exemplos de obras de arte dos povos abordados neste capítulo.

Os princípios do respeito aos outros

Como já estudamos, foi o encontro de culturas muito diferentes que deu origem à cultura brasileira. O encontro entre os povos indígenas, europeus e africanos resultou na criação de uma cultura rica e variada. Porém, esse encontro não foi pacífico, mas marcado por conflitos violentos que deixaram resquícios em nossa sociedade. Um exemplo foi a escravização de indígenas e africanos. Outro foi a tentativa dos europeus de impor sua própria religião aos indígenas e africanos, desrespeitando as crenças desses povos.

Essa intolerância europeia com outras culturas teve consequências, pois ainda hoje há muitos casos de preconceito racial e religioso no Brasil. Por isso, é preciso adotar medidas para que haja respeito às diferentes práticas, crenças e culturas.

1. Converse com os colegas e o professor sobre formas de estimular o respeito pelas diferenças culturais dentro da escola.

2. A ilustração ao lado mostra a ideia de boa convivência e respeito em relação aos outros. Explique a razão disso.

Franz/Shutterstock

_____

_____

_____

3. Escreva uma frase sobre "respeito".

_____

_____

_____

Embora o Brasil seja um país de grande diversidade **étnica** e cultural, há pessoas que não respeitam os diferentes modos de ser e pensar dos demais. Esse comportamento se mostra intolerante, isto é, não suporta diferenças de opinião, religião, cultura ou personalidade.

● **étnica:** relativa a etnia, isto é, a grupo que se diferencia por suas características (cultura, religião, língua, etc.) e que possui a mesma origem e história.

A intolerância se manifesta no preconceito e nas diversas formas de violência, que impedem que muitas pessoas vivam de forma digna. Preconceito é julgar pessoas ou situações sem ter conhecimento a respeito delas. São exemplos de intolerância o preconceito racial, o machismo, o preconceito contra pessoas com deficiência, contra as religiões afro-brasileiras, entre outros.

Uma das manifestações mais comuns de preconceito é o *bullying*. Esse nome é utilizado para indicar atos agressivos, como xingamentos e intimidações, contra determinadas pessoas ou grupos e muito comuns nas escolas. Quando um ou mais alunos perseguem, xingam ou ameaçam sempre as mesmas pessoas por qualquer razão, seja por gênero, cor da pele, aparência física ou dificuldade de aprendizado, entre outros, isso é *bullying*.

O *bullying* costuma ser visto pelos praticantes como uma brincadeira inofensiva, mas as vítimas sofrem muito. Por isso, para que exista respeito à diversidade, é importante combater o *bullying* sempre que ele ocorrer.

Q 4 Leia a tirinha abaixo.

ELE RiU DE MiM SÓ PORQUE USO ÓCULOS!

DE MiM POR CAUSA DAS ORELHAS!

E DE MiM PORQUE NÃO SEi JOGAR BOLA!

ESPERO QUE UM DiA ELE SUPERE iSSO...

© Armandinho, de Alexandre Beck/Acervo do cartunista — beckilustras@gmail.com

a) Por que a menina diz que espera que a pessoa que ri de todos consiga superar isso?

b) Você já sofreu ou presenciou *bullying* dentro da escola? Converse com os colegas sobre a situação e como evitar que ela ocorra.

Respeitar os povos indígenas

O respeito pela cultura de outros povos e grupos sociais também envolve respeitar e garantir a eles o direito de viver nas terras de seus ancestrais. Atualmente, muitos povos indígenas continuam sofrendo com a violência provocada pelos não indígenas e sendo expulsos de suas terras.

● Leia o texto a seguir.

Ajude as crianças Guarani Kaiowá

Já imaginou se alguém te expulsasse da sua própria casa? Do lugar em que viveram seus pais, seus avós, bisavós...? É isso que está acontecendo hoje com as crianças Guarani Kaiowá, no sul de Mato Grosso do Sul.

No passado, esse povo, assim como outros povos no Brasil, foi expulso de suas casas e terras, passando a viver em acampamentos de beira de estrada. Hoje a luta dos Guarani Kaiowá é para retomar seus territórios tradicionais – os *tekoha* – e poder criar suas crianças de acordo com o seu modo de vida.

Mulher indígena da etnia guarani kaiowá na aldeia Jaguapiru, em Dourados, no estado de Mato Grosso do Sul, em 2015.

É o caso da comunidade indígena Kurusu Amba, que fica na fronteira do Brasil com o Paraguai. Os indígenas, cansados de viver em acampamentos longe de suas casas, retomaram a área pacificamente em junho de 2015, mas logo depois foram expulsos de lá com muita violência por fazendeiros.

INSTITUTO SOCIOAMBIENTAL. Ajude as crianças Guarani Kaiowá. **Povos indígenas do Brasil mirim**. Disponível em: <https://mirim.org/node/16673>. Acesso em: 12 dez. 2019.

a) De acordo com o texto, o que aconteceu com os Guarani Kaiowá?

_____

_____

b) Com base no texto, é possível dizer que a sociedade brasileira respeita os direitos dos povos indígenas no presente?

_____

_____

Saiba mais

Os grupos indígenas plantavam e ainda plantam roças perto de suas aldeias. A técnica mais usada para fazer a plantação chama-se **coivara**. Conheça essa técnica no texto a seguir.

Como se faz a agricultura de coivara?

Primeiro derruba-se um trecho de mato, não muito grande. Depois de deixar o mato derrubado secar por um tempo, coloca-se o fogo, que limpa a área e a cobre de cinzas. Em seguida, faz-se uma limpeza na roça, tirando galhos e restos de árvores que não queimaram bem. Com as primeiras chuvas, plantam-se na mesma roça diferentes espécies, como milho, feijão, mandioca, batata, cará. Esse é um jeito de garantir a fertilidade do solo e evitar pragas. Depois é só manter a roça limpa.

[...] O impacto ambiental que esta técnica provoca [quando praticada por indígenas] é pequeno porque nunca se derruba uma área grande e, além disso, depois de alguns anos de uso, a roça pode ser abandonada e a floresta volta a crescer.

Plantação de milho brotando em terreno queimado segundo o sistema de agricultura de coivara. Aldeia indígena guarani de Salto do Jacuí, no estado do Rio Grande do Sul, em 2015.

INSTITUTO SOCIOAMBIENTAL. **Povos Indígenas no Brasil Mirim**. São Paulo, 2015. p. 118-119.

A coivara, quando praticada por não indígenas, é muito criticada pelos ambientalistas, porque geralmente ela é aplicada em grandes áreas de mata e acaba sendo muito prejudicial ao meio ambiente. O uso dessa técnica em plantações comerciais enfraquece o solo, prejudica a fauna e a flora, piora a qualidade do ar e ainda aumenta o risco de incêndio nas áreas próximas. Os agricultores não indígenas só podem utilizar a coivara na agricultura com permissão especial do governo.

1. Com um colega, façam no caderno uma ilustração do método de coivara utilizado pelos indígenas.

2. A coivara pode ser considerada uma prática prejudicial para a natureza? Troque ideias com os colegas e o professor.

Tradição e resistência dos escravizados

Muitos elementos das culturas dos negros escravizados eram alvo de violência e discriminação no passado. Um exemplo é a capoeira, mistura de luta esportiva e dança desenvolvida pelos africanos trazidos para o Brasil.

Acredita-se que ela seja praticada no Brasil desde o século XVIII como forma de divertimento e defesa. Porém, até a década de 1930 não era permitido que as pessoas jogassem capoeira livremente. A prática da capoeira era proibida e considerada fora da lei, pois era vista como exemplo de crime de vadiagem.

Mesmo após a liberação, seus praticantes ainda sofriam com a discriminação racial e com o preconceito de classe, pois seus praticantes eram, em geral, pobres.

Reprodução/Biblioteca Nacional da Austrália, Camberra, Austrália.

▶**Negros lutando**, de Augustus Earle, 1824 (aquarela sobre papel, 16,5 cm × 25,1 cm).

1 Descreva o que mais chamou sua atenção na gravura.

2 Compare a prática da capoeira no período da escravidão no Brasil com a dos dias de hoje.

Em nossos dias, a capoeira se tornou muito popular, mas o preconceito contra a cultura afro-brasileira ainda persiste.

Em 1937, o governo brasileiro legalizou a prática da capoeira, reconhecendo sua importância para a cultura do país.

Ainda assim, demorou muito tempo para que a capoeira fosse reconhecida como uma importante manifestação cultural brasileira. Isso só aconteceu nas últimas décadas do século XX, quando surgiram academias de capoeira por todo o país.

Em 2008, a capoeira foi reconhecida pelo governo como um patrimônio cultural imaterial do Brasil. Ela passou a ser vista como um aspecto importante de nossa cultura e que deve ser preservado. Assim, a capoeira é um exemplo de luta e resistência dos afrodescendentes pelas suas tradições culturais. Também serve como exemplo de valorização da diversidade brasileira.

Cassiohabib/Shutterstock

▶ Pessoas jogando capoeira em via pública na cidade de Salvador, no estado da Bahia, em 2016.

3 Em grupo, pesquisem algumas das principais características da capoeira. Em seguida, anotem as descobertas do grupo.

_____

_____

_____

_____

4 Lutar pela cidadania

Você sabe por que as crianças são proibidas de trabalhar?

Para iniciar

Leia a letra da canção e observe a imagem.

Criança não trabalha

Lápis, caderno, chiclete, pião
Sol, bicicleta, *skate*, calção
Esconderijo, avião, correria, tambor
Gritaria, jardim, confusão

Bola, pelúcia, merenda, *crayon*
Banho de rio, banho de mar, pula-cela,
[bombom
Tanque de areia, gnomo, sereia
Pirata, baleia, manteiga no pão

Criança não trabalha, criança dá
[trabalho
Criança não trabalha...

TATIT, Paulo; ANTUNES, Arnaldo.
Criança não trabalha. Intérprete: Palavra
Cantada.In: **Canções curiosas**. São Paulo:
Rimo, 1998. 1 CD. Faixa 3.

Crianças trabalhadoras no interior de uma fábrica de louças em Santa Catarina, em 1922.

1 Qual é o significado do refrão "criança não trabalha, criança dá trabalho"?

2 A fotografia desta página mostra uma situação muito comum no Brasil do início do século XX: crianças trabalhando em uma fábrica. Atualmente, isso é proibido no país e é direito de toda criança não trabalhar. Você acha esse direito importante? Explique por quê.

Os direitos e os deveres

Na maior parte dos países, ser cidadão significa ter uma nacionalidade e possuir direitos e deveres. Entre os direitos, está o de participar das decisões tomadas no país. Essa ideia de cidadania não existiu sempre. Ela surgiu na Grécia antiga, em Atenas, no final do século VI a.C., na Antiguidade.

Em Atenas, a noção de cidadania era diferente da atual. Apenas os homens adultos, nascidos livres e filhos de atenienses eram considerados cidadãos. As mulheres, as crianças, os estrangeiros e os escravos, portanto, não tinham direitos políticos nem podiam se candidatar a cargos públicos.

A ideia de que a cidadania deveria ser um privilégio de poucos durou muitos séculos e ocorreu em diversas sociedades. Foi apenas a partir do final do século XVIII que homens e mulheres passaram a lutar para criar uma sociedade em que todos possuíssem os mesmos direitos.

Emmanuele Contini/NurPhoto/Getty Images

Sugestão de...
Site

História das mulheres.
IBGE *Teen*. Disponível em: <http://teen.ibge.gov.br/images/teen/mulher/diainternacional/index.htm>.

Angela Merkel, chefe de governo da Alemanha, é uma das personalidades políticas mais importantes na atualidade. Na imagem, ela faz um discurso no Parlamento Europeu, em Berlim, na Alemanha, em 2019.

1. Observe a foto acima e responda: Na Grécia antiga, seria possível uma mulher como Angela Merkel ter direito à cidadania e ocupar um cargo político? Por quê?

_____

2. Com a orientação do professor, procure em jornais, revistas ou na internet uma foto de uma sessão no Congresso Nacional ou na Assembleia Legislativa do seu estado e responda: O número de homens e mulheres presentes é similar?

_____

3. Converse com os colegas e o professor sobre a importância da igualdade entre homens e mulheres na política.

Na cidade grega de Atenas do século VI a.C., os cidadãos podiam participar do governo e votar leis. Mas seu regime político era bem diferente daquilo que chamamos atualmente de democracia. Vamos conhecer melhor como funcionava a democracia ateniense?

● **fadado:** destinado, condenado.

A democracia ateniense tentava fazer todos os cidadãos participarem da vida da cidade. Os cidadãos, e apenas eles, eram iguais e se reuniam na *ekklesia*, a assembleia do povo que votava as leis. As discussões aconteciam do nascer ao pôr do sol. Os cidadãos também podiam julgar pessoas que cometiam certos delitos graves. [...] Uma pena gravíssima podia vir a ser pronunciada: o ostracismo. Quem fosse condenado ao ostracismo estaria **fadado** ao exílio e deveria deixar a cidade. A Assembleia detinha praticamente todos os poderes, o que acabava dando muita autoridade aos que soubessem falar bem.

Ruínas da Ágora de Atenas, na cidade de Atenas, Grécia. Esse local era utilizado para reuniões e debates. Foto de 2019.

DARS, Éric; TEYSSIER, Éric. **A Grécia antiga passo a passo**. São Paulo: Claro Enigma, 2015. p. 32.

1. Explique como funcionava a democracia ateniense.

_____

_____

_____

2. O que era o ostracismo?

_____

_____

_____

3. Pesquise em livros, revistas ou na internet o funcionamento da democracia no Brasil hoje. Depois, com os colegas e o professor, compare-a com a democracia ateniense.

A Declaração dos Direitos do Homem e do Cidadão

A ideia de que todos têm direitos faz parte de um movimento de transformações que estava acontecendo na Europa desde o século XVII, mas começou a se desenvolver com mais força no final do século XVIII, quando ocorreu a Revolução Francesa. Esse movimento teve grande influência no mundo inteiro, até mesmo no Brasil.

Os franceses, em 1789, lutaram para que todos no país, até o rei, fossem obrigados a obedecer às leis, e para que, a partir daquele ano, todos os cidadãos tivessem os mesmos direitos. O resultado foi a **Declaração de Direitos do Homem e do Cidadão**, hoje considerada um documento histórico importante.

Vamos ler alguns artigos desse documento?

Declaração de Direitos do Homem e do Cidadão

Art. 1º Os homens nascem e são livres e iguais em direitos. [...]

Art. 4º A liberdade consiste em poder fazer tudo que não prejudique o próximo. [...]

Art. 5º A lei não proíbe senão as ações nocivas à sociedade. [...]

Art. 9º Todo acusado é considerado inocente até ser julgado culpado [...].

Art. 10º Ninguém pode ser **molestado** por suas opiniões, incluindo opiniões religiosas [...].

Declaração de Direitos do Homem e do Cidadão.
Disponível em: <www.direitoshumanos.usp.br/index.php/Documentos-anteriores-a-criacao-da-Sociedade-das-Nacoes-ate-1919/declaracao-de-direitos-do-homem-e-do-cidadao-1789.html>. Acesso em: 12 dez. 2019.

● **Sugestão de...**
Livro
A ONU declarou.
Beatriz Monteiro da Cunha, Evoluir Cultural.

● **molestado:**
incomodado; assediado.

Reprodução/Museu Carnavalet, Paris, França

Declaração de Direitos do Homem e do Cidadão, de Jean-Jacques Le Barbier, 1789 (óleo sobre tela, 71 cm × 56 cm).

1 Você concorda com o artigo 4º da Declaração de Direitos do Homem e do Cidadão?

2 A Declaração de Direitos do Homem e do Cidadão estabeleceu que todas as pessoas são iguais e possuem os mesmos direitos. Você acha isso correto? Explique.

Os direitos humanos

Entre os séculos XIX e XX, muitas pessoas continuaram lutando em seus países por direitos iguais e para exercer sua cidadania.

Nos países da Europa e da América, entre eles o Brasil, as mulheres lutavam pelo direito ao voto, os negros contra a discriminação racial, e os trabalhadores por melhorias das condições de trabalho e por salários. Essas lutas resultaram em leis que garantiam direitos e protegiam os cidadãos.

Entre os direitos conquistados, estavam:

- a criação de leis trabalhistas que garantissem direitos como férias, salário mínimo, descanso semanal e segurança no trabalho;

- o direito de receber tratamento médico adequado e gratuitamente;

- os direitos políticos para participar das decisões do governo;

- a igualdade de direitos entre homens e mulheres e entre brancos e negros;

- o direito das pessoas com deficiência de serem tratadas com respeito e terem condições de acesso aos espaços da cidade.

A partir da metade do século XX, a Organização das Nações Unidas (ONU) promulgou uma série de declarações inspiradas na Declaração de Direitos do Homem e do Cidadão. Os países-membros da ONU aprovaram essas declarações e devem segui-las:

- Declaração Universal dos Direitos Humanos, promulgada em 1948;

- Declaração dos Direitos da Criança, promulgada em 1959;

- Declaração dos Direitos das Pessoas Deficientes, promulgada em 1975.

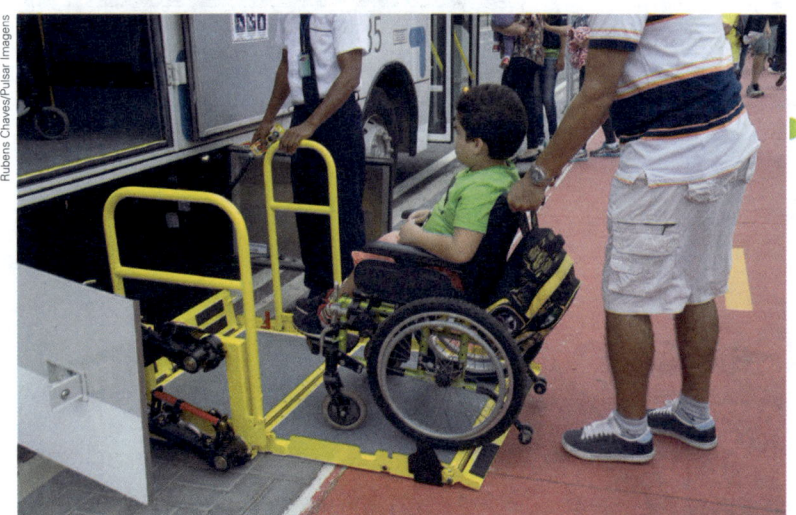

Rubens Chaves/Pulsar Imagens

Nos últimos anos, os direitos das pessoas com deficiência têm ganhado espaço no Brasil e em outros países do mundo. Garantir os direitos de cidadania também significa criar ferramentas que ajudem as pessoas com deficiência a frequentar escolas e participar dos espaços públicos das cidades. Criança com deficiência utilizando plataforma mecânica de acesso a ônibus na cidade do Rio de Janeiro, em 2016.

1 Complete a linha do tempo abaixo. Nela, coloque o nome das declarações sobre direitos humanos criadas nos anos em destaque.

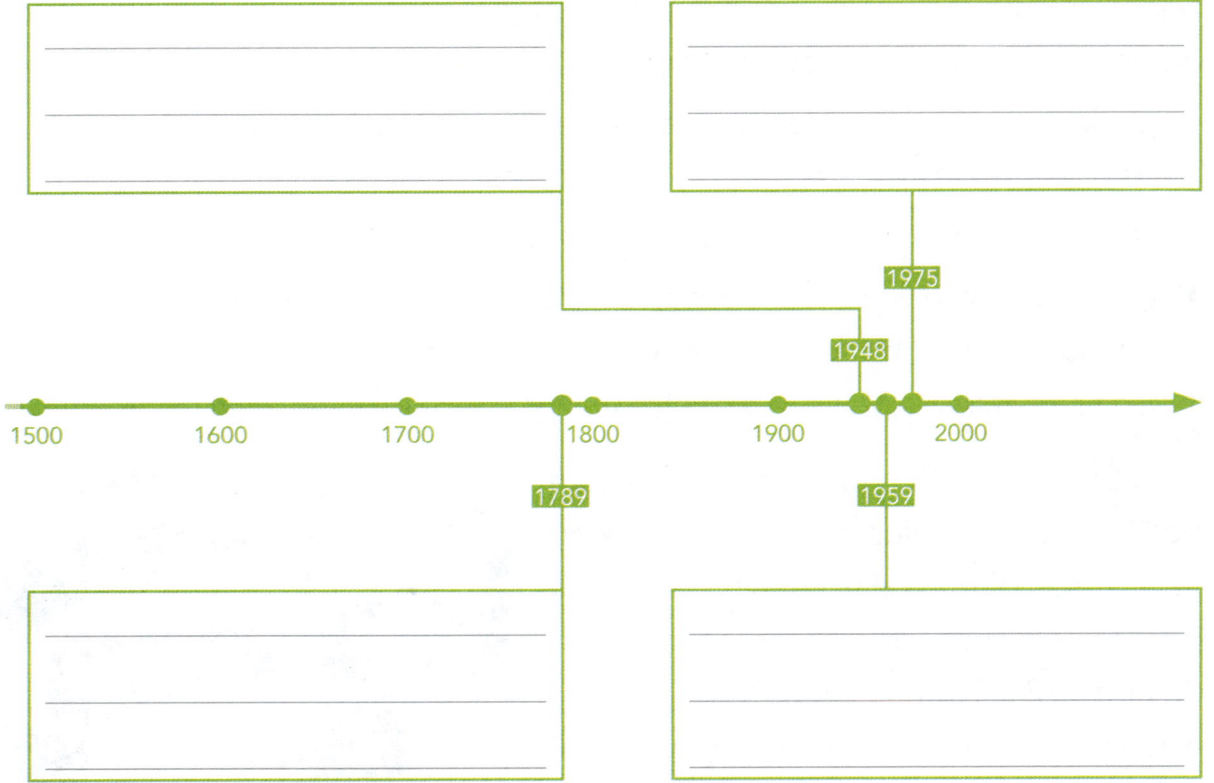

2 Troque ideias com os colegas e o professor:

a) O que a escola precisa ter para garantir às pessoas com deficiência o direito de estudar e de ser bem recebidas nos espaços públicos?

b) Por que é importante que todas as pessoas sejam tratadas de forma igualitária?

3 Vamos conhecer melhor o que é a Declaração Universal dos Direitos Humanos e sua importância?

a) Forme um grupo com seus colegas e pesquisem em livros, dicionários e na internet sobre essa declaração.

b) Depois, conversem com os colegas e o professor sobre as principais informações encontradas durante a pesquisa.

c) Em uma folha avulsa, façam ilustrações sobre alguns dos direitos citados nesse documento.

d) Montem um cartaz com as ilustrações e o exponham para os colegas em sala.

Direitos e deveres no Brasil

No Brasil, os cidadãos têm um conjunto de direitos garantidos por leis. A **Constituição** brasileira, aprovada em 1988, garante aos brasileiros, por exemplo:

- poder participar das decisões políticas do país, escolhendo os governantes e participando de partidos políticos;

- contar com a existência de leis claras e iguais para todos;

- expressar-se e agir livremente, desde que não cometam nenhum crime ou prejudiquem outras pessoas;

- utilizar serviços públicos variados, como escolas e hospitais.

O Estatuto da Criança e do Adolescente, de 1990, é um conjunto de leis que garante diversos direitos das crianças, menores de 12 anos, e dos adolescentes, com idade entre 12 e 18 anos. Entre esses direitos, está o de ter uma família, estudar e o de não trabalhar.

Outro conjunto de leis é o Estatuto do Idoso, de 2003, que garante os direitos das pessoas com mais de 60 anos, como aposentadoria, atendimento prioritário em espaços públicos e privados, além de outras garantias que ajudam as pessoas a viver de forma digna durante a velhice.

O atendimento prioritário ao idoso é um direito garantido por lei. Foto de 2013.

Constituição: conjunto de leis e princípios fundamentais que regem o país.

Sugestão de...
Livro
Para toda criança: os direitos da criança em palavras e imagens. Unicef, Ática.

1 Troque ideias com os colegas: o que significa ser cidadão atualmente?

2 Você sabia que todos os cidadãos brasileiros têm direitos? Você conhece os seus direitos? Cite algum.

Os deveres do cidadão

Ser cidadão não significa apenas ter direitos. Há vários deveres que todos precisam cumprir para uma boa convivência em sociedade.

É dever de todo cidadão:

- obedecer às leis do país;
- pagar impostos;
- votar e participar das decisões políticas;
- respeitar outras pessoas, suas diferenças e suas histórias de vida;
- não perseguir as pessoas por terem diferentes crenças religiosas ou políticas;
- preservar o meio ambiente no seu cotidiano;
- preservar o patrimônio público.

Pescadores recolhem lixo na praia do Sobral em Maceió, no estado de Alagoas. Foto de 2015. Cuidar do meio ambiente é um dever de todos.

1. Você sabe por que é importante que os cidadãos cumpram todos os seus deveres? Explique com suas palavras.

_____

_____

2. Quais são os principais deveres dos alunos na escola? Converse com os colegas e o professor sobre o tema.

3. Com a orientação do professor, faça com os colegas um mural com os direitos que vocês estudaram neste capítulo. Para isso, sigam as etapas abaixo.

   a) Listem, em uma folha avulsa, todos os direitos que vocês estudaram até o momento.

   b) Façam um mural usando cartolina ou outro material com cada um dos direitos, ilustrando-os com fotografias ou com desenhos.

   c) Mostrem o mural para a classe e expliquem como o direito está relacionado à imagem que vocês escolheram ou desenharam.

Você conhece o Calvin, personagem criado pelo cartunista **estadunidense** Bill Watterson? Leia a tirinha e converse sobre ela com os colegas.

estadunidense:
que nasceu nos Estados Unidos da América.

alegar:
justificar, falar algo para se defender.

engenhoso:
criativo, inventivo, bem-feito.

WATTERSON, Bill. **O livro do décimo aniversário**. São Paulo: Conrad, 2013. p. 163.

1. Procure em um dicionário o significado da palavra **legitimidade**.

_____

_____

2. Por que o tigre Haroldo critica o comportamento do menino Calvin?

_____

_____

3. Refaça a história em quadrinhos e crie um diálogo no qual o menino Calvin age como cidadão.

A conquista dos direitos no Brasil

Das primeiras décadas da colonização portuguesa na América, no século XVI, até a libertação dos escravizados, em 1888, apenas uma parte da população brasileira era livre. Até o final do século XIX, a escravidão era permitida por lei, embora muitas pessoas não a considerassem justa.

O auge da escravidão ocorreu a partir da metade do século XVIII até a metade do século XIX. Foi nesse período que o maior número de africanos foi trazido à força para o Brasil. Aqui eram obrigados a trabalhar nas atividades mais duras e sofriam inúmeros castigos e violências.

Durante mais de trezentos anos de escravidão, os africanos lutaram para conquistar a liberdade. A resistência acontecia de diversas maneiras: boicote ao trabalho, rebeliões, fugas e formação de **quilombos**.

> **Sugestão de...**
> **Livro**
>
> **A história dos escravos**. Isabel Lustosa, Companhia das Letrinhas.

quilombo: comunidade formada por africanos e afrodescendentes que fugiam do trabalho escravo.

Reprodução/Coleção Particular

Fuga de escravos, de François-Auguste Biard, 1859 (óleo sobre tela, 33 cm × 52 cm). O artista visitou o Brasil em 1858.

1 Como a resistência dos escravizados foi representada na pintura de Biard?

_____

_____

_____

_____

A imagem ao lado foi produzida por Jean-Baptiste Debret, pintor francês que, com outros artistas, veio ao Brasil no século XIX para ensinar artes plásticas. Esses artistas produziram diversas gravuras e ilustrações sobre o cotidiano no Brasil e, por meio delas, é possível ter pistas do que mais chamava a atenção de estrangeiros que visitavam o Brasil naquela época.

Reprodução/Fundação Biblioteca Nacional, Rio de Janeiro, RJ.

Feitores castigando negros, de Jean-Baptiste Debret (litografia, 33 cm × 21 cm), presente na obra **Viagem pitoresca e histórica ao Brasil**, publicada entre 1834 e 1839.

2 Observe com atenção a imagem acima e a pintura **Fuga de escravos**, de François-Auguste Biard, na página anterior, e responda:

a) Que situação pode ser observada na gravura de Debret?

_____

b) Que situação pode ser observada na pintura de Biard?

_____

c) Qual é a diferença entre a representação das pessoas escravizadas na gravura de Debret e na pintura de Biard?

_____

_____

_____

3 Na sua opinião, Debret tinha uma opinião positiva ou negativa sobre a escravidão? Por quê?

_____

_____

_____

O movimento abolicionista

Na segunda metade do século XIX, a ideia de que a escravidão era algo ruim foi se espalhando pelo mundo, inclusive no Brasil. Assim, muitas pessoas e associações passaram a ajudar os negros escravizados a fugir ou a comprar sua liberdade, pagando determinado valor ao proprietário. Alguns escravizados conseguiam comprar sozinhos a sua liberdade, pois em certas cidades eles ficavam com parte do que recebiam trabalhando na rua para seus donos, em atividades como a venda de quitutes, por exemplo.

Reprodução/Fundação Biblioteca Nacional, Rio de Janeiro, RJ

Cerimônia de entrega de cartas de alforria, ilustração de Angelo Agostini, 1886. Quando uma pessoa escravizada pagava por sua libertação, o antigo proprietário escrevia uma carta de alforria, que simbolizava a liberdade conquistada.

Além dos próprios africanos e dos afrodescendentes, advogados, políticos, escritores, artistas e jornalistas também lutaram pelo fim da escravidão e pela libertação de todas as pessoas escravizadas que viviam no país.

1 Como se combatia a escravidão na segunda metade do século XIX?

2 Imagine que ainda é a época da escravidão. Você é jornalista e apoia o movimento abolicionista.

   a) No caderno, escreva um pequeno texto a favor da libertação dos escravizados.

   b) Troque o texto com um colega.

   c) Converse com seus colegas: como textos semelhantes aos que vocês escreveram podem ter ajudado a combater a escravidão?

   d) Se o movimento abolicionista ocorresse hoje, que meios de comunicação poderiam ser usados para divulgá-lo?

Reprodução/Fundação Biblioteca Nacional, Rio de Janeiro, RJ.

Página do jornal **O amigo do escravo**, que circulava no Rio de Janeiro. A edição é do dia 27 de janeiro de 1884.

A resistência dos próprios escravizados, a pressão de outros países pela abolição e os esforços do movimento abolicionista ajudaram a modificar as leis do país. Pouco a pouco foram elaboradas leis que restringiam a escravidão no Brasil, mas a libertação total só ocorreu em 1888.

3 Veja no quadro as principais leis contra a escravidão aprovadas no Brasil:

	Proibição do Tráfico Negreiro	Lei do Ventre Livre	Lei dos Sexagenários	Lei Áurea
Ano da assinatura	1850	1871	1885	1888
O que a lei determinava	A partir dessa data estava proibido o comércio de escravizados da África para o Brasil.	Seriam libertos os filhos de escravizados nascidos a partir de 28 de setembro daquele ano.	Seriam libertos os escravizados com mais de 60 anos. Muitos, porém, não chegavam a viver até essa idade.	Assinada no dia 13 de maio pela princesa Isabel, filha do imperador dom Pedro II, a Lei Áurea determinou a abolição da escravatura no Brasil.

a) Faça, no caderno, uma linha do tempo para o período da escravidão no Brasil. Marque nela a data aproximada da chegada dos primeiros africanos escravizados (1550) e as leis abolicionistas.

b) Durante quantos séculos o Brasil utilizou o trabalho escravo dos africanos e de seus descendentes?

Minha coleção de palavras em História

Você deve ter notado a presença de um termo bem importante nesta página. Esse termo é bastante usado por historiadores e estudiosos.

ABOLIÇÃO

1. Escreva uma frase utilizando um sinônimo para a palavra **abolição**. Lembre-se de que a frase tem de fazer referência à época estudada neste capítulo.

2. Por que a abolição era importante para ampliar a cidadania no Brasil? Converse com os colegas e o professor sobre esse tema.

Trabalho livre e assalariado

Com o fim da escravidão, os recém-libertos e seus descendentes se depararam com duas difíceis tarefas: encontrar ocupação no mercado de trabalho livre e lutar por seus direitos na sociedade brasileira.

A busca por trabalho livre e **assalariado** após a abolição foi um desafio para esses novos cidadãos. Muitas vezes, eles não encontravam emprego remunerado ou só conseguiam os que pagavam salários baixos. O preconceito racial continuou a existir depois da Lei Áurea, e pouco se fez para reparar os efeitos de séculos de opressão.

Além disso, para agravar ainda mais a situação de exclusão social, muitos fazendeiros brasileiros preferiram estimular a imigração de europeus para trabalhar nas fazendas de café a contratar pessoas negras. Por isso, mesmo com o fim da escravidão, muitas delas continuaram vivendo na pobreza.

No início do século XX, uma parte dos afrodescendentes conseguiu trabalhar em algumas indústrias, ferrovias e obras públicas. Ainda assim, o valor dos salários, o acesso à educação e as condições de vida entre brancos e negros no Brasil eram muito diferentes.

Reprodução/Fundação Ernesto Frederico Scheffel, Novo Hamburgo, RS.

assalariado: tipo de emprego em que a pessoa recebe um salário em troca do seu trabalho.

Trabalhadores de uma fábrica de couro em Novo Hamburgo, no Rio Grande do Sul, em 1922. É possível observar a presença de pessoas negras que trabalhavam nesse estabelecimento.

1 Com base no que você aprendeu neste capítulo, imagine uma situação de exclusão social pela qual os negros passaram no começo do século XX e escreva um pequeno texto no seu caderno.

2 Sob a orientação do professor, com um colega, pesquisem em jornais, revistas ou na internet sobre o preconceito racial e a exclusão social no Brasil atualmente. Depois, conversem sobre isso em sala de aula.

Os movimentos negros

O preconceito racial no Brasil ocorria, e ainda ocorre, de várias maneiras. Um exemplo é a crença de que apenas a cor de pele clara e o cabelo liso sejam traços físicos bonitos que devam ser valorizados. Outra forma de preconceito é considerar a religião e a cultura afro-brasileira inferiores a outras culturas e religiões.

Sugestão de...
Livro
ABC afro-brasileiro.
Carolina Cunha,
Edições SM.

Ideias e práticas preconceituosas como essas são combatidas pelos **movimentos negros**, formados por grupos que lutam para defender a história e a cultura afro-brasileira e pela aprovação de leis que visem combater o preconceito e a desigualdade social que afeta com mais gravidade a população negra brasileira. Esses grupos conseguiram muitas vitórias nas últimas décadas, mas ainda há muito a ser conquistado, porque o racismo na sociedade brasileira persiste.

Em 7 de julho de 1978 ocorreu na cidade de São Paulo um grande ato organizado pelo movimento negro no Brasil. Esse ato foi muito importante para a luta das pessoas negras contra o racismo e a desigualdade no país.

1. Com a ajuda do professor, discuta com seus colegas o que significa o termo racismo e por que ele reforça as desigualdades em nosso país.

2. Sob a orientação do professor e com os colegas, pesquisem em livros, revistas e na internet um símbolo da luta pelos direitos da população negra no Brasil. Explique por que vocês escolheram esse símbolo.

Os operários nas indústrias

A luta dos operários brasileiros por direitos também é exemplo de conquista da cidadania. A industrialização no Brasil teve início a partir do fim do século XIX, principalmente nas cidades do Rio de Janeiro e de São Paulo.

Em São Paulo, o crescimento da indústria provocou também o crescimento populacional da cidade. As fábricas precisavam de mão de obra numerosa, e os primeiros operários das fábricas brasileiras foram imigrantes. Depois vieram os trabalhadores rurais, que se mudaram das fazendas para as cidades para evitar as difíceis condições de trabalho no campo. No entanto, em geral, os operários também trabalhavam muito e recebiam salários baixos.

Além disso, as fábricas eram ambientes sujos e apertados. Os operários trabalhavam mais de 12 horas por dia, sem tempo para descansar ou se alimentar direito. As máquinas eram perigosas, os acidentes eram frequentes. E não existiam leis para proteger os trabalhadores.

1 Consulte um dicionário e anote no caderno o significado das palavras **operário**, **salário** e **fábrica**.

2 Observe as imagens a seguir e faça o que se pede.

Vila Maria Zélia, anos 1920, na cidade de São Paulo. Algumas indústrias construíram vilas operárias para acomodar parte de seus trabalhadores.

Conjunto habitacional no bairro do Jaguaré, na cidade de São Paulo, em foto de 2017. Atualmente, muitos conjuntos habitacionais são construídos por meio de programas de governo.

a) Leia as legendas e identifique o período em que as imagens foram feitas.

b) Aponte as principais diferenças e semelhanças entre as vilas operárias e os conjuntos habitacionais.

A luta operária

As fábricas brasileiras do início do século XX costumavam empregar crianças, às vezes em trabalhos perigosos, e elas recebiam salários ainda mais baixos que os dos adultos. Por causa disso, elas não podiam estudar e não tinham tempo para se divertir e brincar.

Situações como essa fizeram com que os operários se organizassem e lutassem por melhores condições do trabalho. Surgiram os primeiros **sindicatos** e também ocorreram as primeiras **greves** do país. A luta dos trabalhadores fez com que os governos brasileiros passassem a criar leis para impedir abusos e estabelecer os direitos e os deveres das empresas e dos trabalhadores.

Nas décadas de 1930 e 1940, diversas leis foram criadas para garantir direitos aos trabalhadores. Por exemplo: o direito a férias, o limite máximo de trabalho diário e o salário mínimo. Além disso, o trabalho infantil foi proibido e os trabalhadores conquistaram o direito de se aposentar.

Reprodução/Arquivo Edgard Leuenroth, Unicamp, Campinas, SP.

Comício na praça da Sé durante a greve geral de São Paulo, no estado de São Paulo, em 1917.

1 Escolha um dos direitos conquistados pela população brasileira que você estudou neste capítulo e responda: Como seria a sua vida sem esse direito?

_____

_____

_____

 2 Pesquise o significado das palavras **sindicato** e **greve**. Depois, converse com os colegas e o professor sobre o tema.

A conquista da cidadania

Apesar das conquistas sociais nas últimas décadas, ainda falta muito para que todos possam exercer plenamente seus direitos e sua cidadania. O desemprego, por exemplo, é um problema que afeta milhões de pessoas nas cidades de todo o país. Sem trabalho, elas não conseguem dinheiro para se alimentar, se vestir, se locomover, ter um local para sua moradia, etc.

Os trabalhadores rurais também enfrentam sérias dificuldades. No Brasil há enorme concentração de terras, o que significa que poucas pessoas são donas da maior parte das terras, formando grandes propriedades chamadas **latifúndios**. Uma das consequências é que os trabalhadores rurais precisam trabalhar para esses grandes proprietários em troca de salários baixos.

O trabalho infantil, apesar de proibido, ainda existe no país, assim como o trabalho **análogo** ao da escravidão, em que o empregado sofre violência, trabalha muitas horas sem pagamento e não pode se demitir.

análogo: semelhante, parecido.

Ainda é preciso acabar com essas e outras injustiças a fim de garantir a cidadania de fato a todas as pessoas que vivem no Brasil. Esse processo depende do esforço conjunto da população brasileira para criar novas leis que ajudem as pessoas a conquistar seus direitos de cidadão, além de cobrar e fiscalizar os políticos para que garantam a aplicação correta dessas leis.

Criança vendendo bala em avenida na cidade do Rio de Janeiro, no estado do Rio de Janeiro, em 2015. O problema do trabalho infantil ainda está longe de ser superado no país.

1 Na sua comunidade há crianças que trabalham? Em qual tipo de trabalho?

2 Converse com os colegas e o professor sobre as diferenças existentes entre a escravidão no passado e o trabalho análogo ao da escravidão na atualidade.

3 Pesquise uma iniciativa que ajuda as pessoas a ter acesso a seus direitos. Pode ser do governo da cidade ou do estado onde você mora ou de uma ONG.

O que estudamos

Eu escrevo e aprendo

Folheie as páginas anteriores e relembre o que estudou. Depois, escreva abaixo uma frase sobre algo que você aprendeu nos capítulos desta unidade e que antes não sabia.

Capítulo 3 – Respeitar quem é diferente

_____

_____

_____

_____

Capítulo 4 – Lutar pela cidadania

_____

_____

_____

_____

Minha coleção de palavras em História

Em cada capítulo desta unidade, há uma palavra destacada para a **Minha coleção de palavras em História**. São palavras comuns em textos de História e vão ajudar você a compreender melhor todos eles.

ALDEIA, página 55.

ABOLIÇÃO, página 82.

1. O que você aprendeu com essas duas palavras? Converse com seus colegas.

2. Em um quadro no caderno, escreva essas duas palavras e o significado de cada uma delas. O significado deve estar ligado ao que você aprendeu no capítulo.

Eu desenho e aprendo

1 Nesta atividade, você vai utilizar a **linguagem gráfica** para retomar o que estudou na unidade. Faça um desenho para representar a palavra CIDADANIA.

2 Após a abolição da escravidão no Brasil, o que mudou na vida dos africanos e afrodescendentes recém-libertos? Faça um desenho para representar a situação dessa parcela da população brasileira nos anos após a escravidão.

Hora de organizar o que estudamos

As sociedades humanas se organizam de forma muito variada e esse é um direito: que cada povo possa viver de acordo com suas tradições. Por isso é importante respeitar a diversidade cultural.

As aldeias dos Kalapalo são em formato circular e as moradias são construídas em volta de um pátio. Aldeia Aiha da etnia Kalapalo, no município de Querência, no estado de Mato Grosso. Foto de 2018.

Povos indígenas, africanos e europeus tinham modos de vida muito diferentes. O encontro desses povos foi marcado por práticas intolerantes e violentas, sobretudo por parte dos europeus, que tentavam tomar terras, escravizar e catequizar povos africanos e indígenas.

Os hábitos culturais indígenas causaram estranhamento nos europeus. Um exemplo disso foi a dança praticada pelos Tupinambá, que viviam no litoral do Brasil antes da chegada dos europeus. Gravura representando dança tupinambá feita por Théodore de Bry no século XVI.

A intolerância com outras culturas não ocorreu apenas no passado. Atualmente, há muitos exemplos de preconceito racial e religioso no Brasil.

Ao longo do tempo, as culturas indígenas, africanas e europeias se combinaram e deram origem à cultura brasileira, que, graças a esse processo, é marcada por uma enorme diversidade.

Pessoas jogando capoeira em via pública na cidade de Salvador, no estado da Bahia, em 2016.

A partir da metade do século XX, a Organização das Nações Unidas (ONU) promulgou uma série de declarações inspiradas na Declaração de Direitos do Homem e do Cidadão.

Os direitos e os deveres dos cidadãos são muito importantes para a organização da sociedade. Eles são resultado de uma longa luta pelo fim das desigualdades e pelo respeito à diversidade.

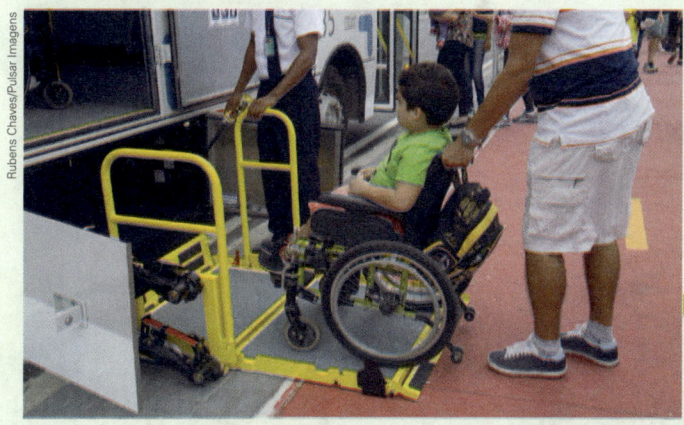

Criança com deficiência utilizando plataforma mecânica de acesso a ônibus na cidade do Rio de Janeiro, no estado do Rio de Janeiro, em 2016.

A luta pela cidadania também ocorreu no Brasil e foi marcada pela organização de muitos grupos, como os movimentos negros e os movimentos dos trabalhadores.

Em 7 de julho de 1978 ocorreu na cidade de São Paulo um grande ato organizado pelo movimento negro no Brasil. Esse ato foi muito importante para a luta das pessoas negras contra o racismo e a desigualdade no país.

Para refletir e conversar

- Por que é importante respeitar as culturas diferentes da nossa?
- Você já aprendeu algo novo com algum colega que possui costumes diferentes dos seus?
- Que atitudes cada um de nós pode tomar para ajudar a combater o preconceito?

3 Cultura e transmissão de saberes

Artigos nordestinos

R$ 10,00
R$ 5,00

TAPIOCAS

ROUPAS

CORDEL

- Além da língua que falamos, que outras formas de comunicação você conhece?
- Há formas de comunicação que usamos hoje e que não existiam antigamente. Você conhece alguma?

Danillo Souza/Arquivo da editora

5 O uso da linguagem e a memória

Você acha importante ouvir histórias contadas por pessoas mais velhas?

Para iniciar

Leia o texto a seguir, da contadora de histórias e poetisa brasileira Geni Guimarães.

Aviso

Olha aqui, moço:

Aquela história

Que você inverteu,

Meus avós explicaram para meus pais,

Meus pais explicaram para mim,

Eu já expliquei para os meus filhos,

Meus filhos vão contar para os filhos

deles: Cuidado, pois.

GUIMARÃES, Geni. **Da flor o afeto, da pedra o protesto**. Barra Bonita: Ed. da Autora, 1981.

Idosa contando histórias no município de São Paulo, estado de São Paulo. Foto de 2016.

1. Qual é o assunto principal do poema?

2. Você conhece histórias que foram contadas por seus avós, pais ou outras pessoas mais velhas sobre a vida no passado? Conte uma dessas histórias para os colegas.

3. Por que é importante preservar as tradições e os conhecimentos das pessoas mais velhas?

Comunicar-se pela linguagem

Antes do surgimento da linguagem verbal, os seres humanos se comunicavam por meio de gestos, gritos e até mesmo cheiros. Cientistas acreditam que a arte e a fala surgiram ao mesmo tempo, há cerca de 40 mil anos. Desde então, essas linguagens são utilizadas para a comunicação e a transmissão de conhecimentos.

Sugestão de...
Livro
O livro do papel (o homem e a comunicação).
Ruth Rocha e Otávio Roth, Melhoramentos.

Com o surgimento da linguagem verbal, as transformações das sociedades e o acúmulo de determinados conhecimentos, os seres humanos inventaram outros meios para se comunicar.

1 Veja, na linha do tempo a seguir, os diferentes meios de comunicação que podemos utilizar hoje.

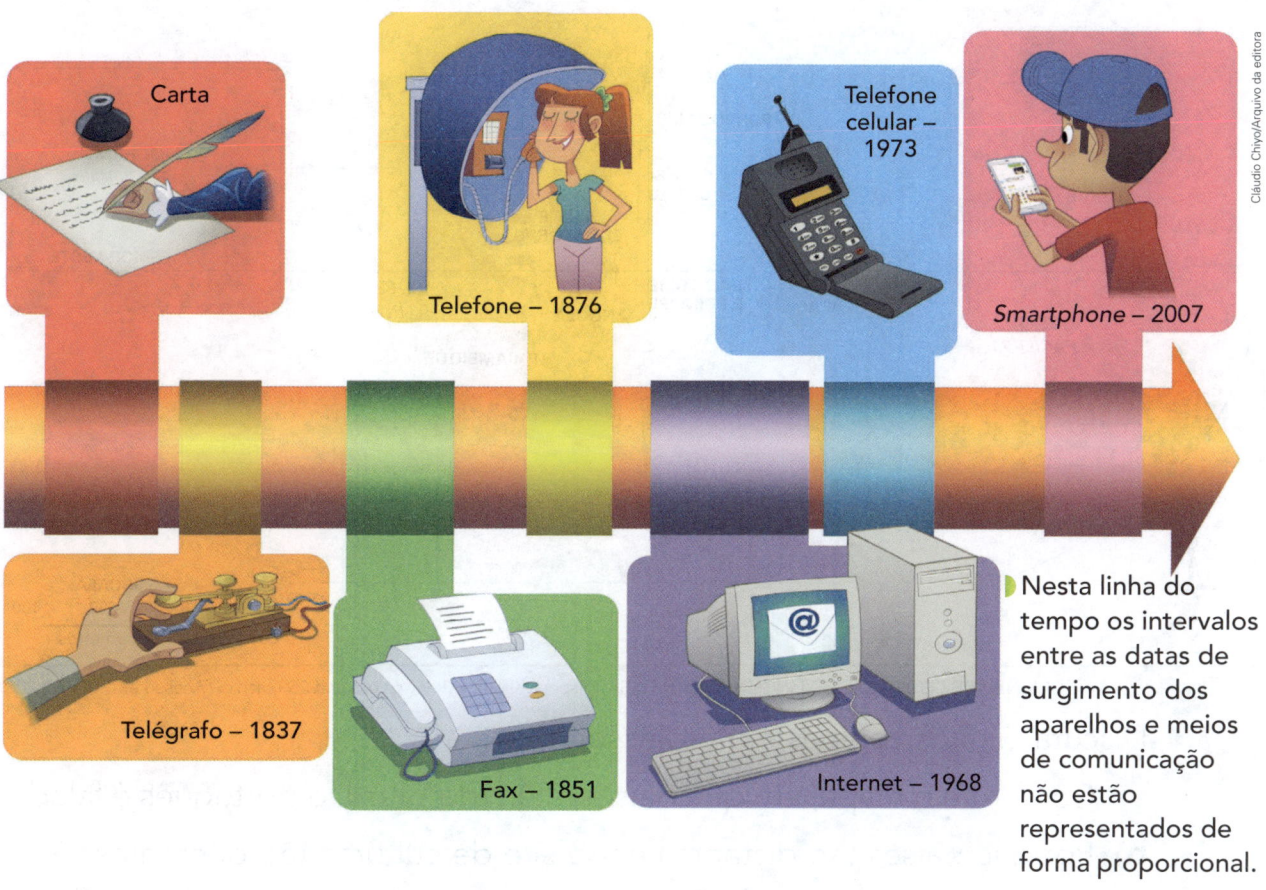

Carta
Telefone – 1876
Telefone celular – 1973
Smartphone – 2007

Telégrafo – 1837
Fax – 1851
Internet – 1968

Cláudio Chyol/Arquivo da editora

Nesta linha do tempo os intervalos entre as datas de surgimento dos aparelhos e meios de comunicação não estão representados de forma proporcional.

a) A linha do tempo acima mostra diferentes meios de comunicação. Escreva no caderno quais são as semelhanças e as diferenças entre eles.

b) Quais desses meios de comunicação você costuma utilizar em seu cotidiano?

Diferentes línguas no Brasil e no mundo

Estima-se que existam mais de 6 mil **idiomas** diferentes em uso no mundo. O idioma falado pelo maior número de pessoas é o chinês. Devido à importância econômica e política da Inglaterra e dos Estados Unidos nos últimos séculos, muitas pessoas aprendem o inglês, que é o segundo idioma mais falado.

O português é a língua mais falada no Brasil atualmente, mas não é a única. Segundo o Censo 2010, do Instituto Brasileiro de Geografia e Estatística (IBGE), 274 línguas indígenas são faladas no país, além do português.

A língua portuguesa também é falada em outros países do mundo, tornando o português o sétimo idioma mais falado.

> **idiomas:** línguas faladas por um ou mais povos.

1 Veja o mapa abaixo.

▶ Países em que a língua portuguesa é o idioma oficial – atual

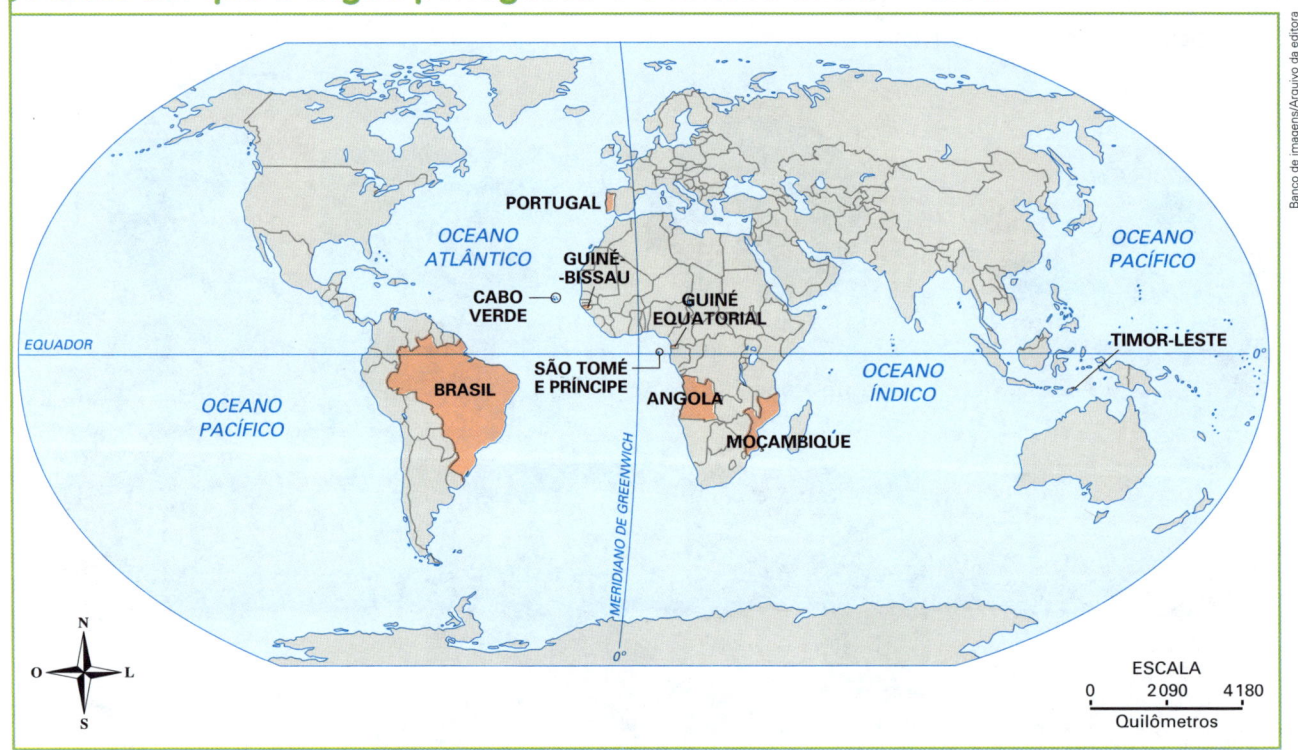

COMUNIDADE DOS PAÍSES DE LÍNGUA PORTUGUESA. Disponível em: <www.cplp.org/id-2597.aspx>. Acesso em: 16 dez. 2019.

○ ● Discuta com os colegas e o professor:

a) Conforme o mapa, em que países, além do Brasil, o português é falado?

b) Por que países tão distantes entre si e de culturas tão diferentes têm o português como língua oficial?

2 No estado onde você mora são faladas outras línguas além do português?

A Língua Brasileira de Sinais

A Libras, como é conhecida a Língua Brasileira de Sinais, é utilizada pela comunidade surda brasileira. Trata-se de uma língua de sinais que utiliza o movimento das mãos e do corpo.

Como o português, a Libras tem regras gramaticais próprias e pode ser aprendida e utilizada por qualquer pessoa – surda ou não.

Veja a seguir como as letras usadas para escrever a língua portuguesa são representadas em Libras.

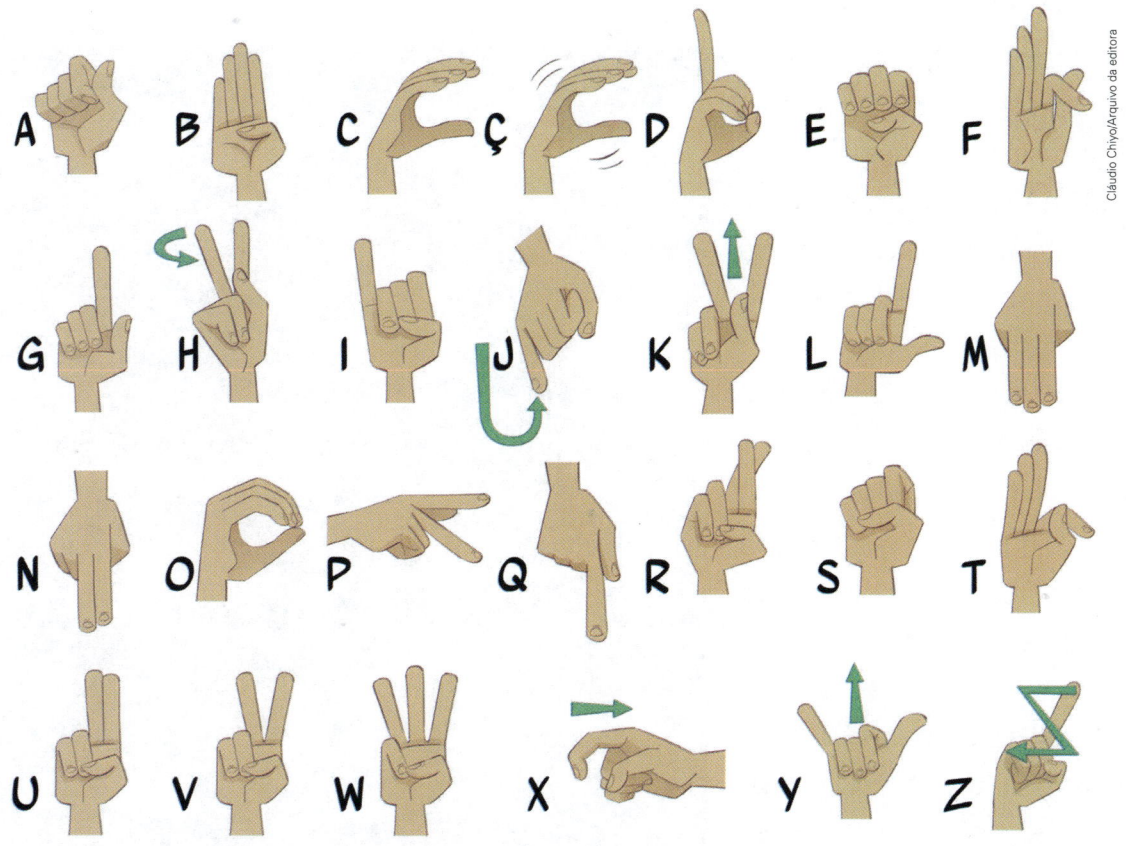

Cláudio Chiyo/Arquivo da editora

Fonte: BRASIL. Secretaria Especial dos Direitos Humanos. Acessibilidade Brasil. **Dicionário da Língua Brasileira de Sinais**. Disponível em: <http://www.ines.gov.br/dicionario-de-libras/main_site/libras.htm>. Acesso em: 16 dez. 2019.

1 Com a ajuda do professor e com seus colegas, pesquisem em livros, dicionários e *sites* informações sobre os principais símbolos usados pela Libras. Pesquisem também quantas pessoas usam essa linguagem no Brasil. Depois, conversem sobre as principais informações encontradas durante a pesquisa.

2 Montem um cartaz ilustrado sobre a Libras usando as informações encontradas na pesquisa.

Estudiosos da linguagem acreditam que os deslocamentos dos primeiros grupos humanos ao longo do tempo proporcionaram o surgimento de línguas diferentes entre si. Algumas delas desapareceram, e várias se modificaram, dando origem a outras línguas.

As línguas faladas no mundo em nossos dias são resultado de transformações ocorridas durante milênios nas línguas do passado.

A origem da diversidade de línguas foi explicada por diferentes mitos e lendas, em diferentes culturas e épocas.

Segundo o livro sagrado dos cristãos, por exemplo, em tempos imemoriais, falava-se uma só língua na Terra. Nessa época, em que não havia dificuldade de comunicação, as pessoas resolveram construir uma torre muito alta, cujo topo tocasse o céu, para morarem ao seu redor e não se espalharem pelo mundo.

Mas Deus não gostou da ideia e destruiu essa construção que recebeu o nome de Torre de Babel. Além disso, espalhou pela Terra as pessoas, que agora falavam diferentes idiomas, para que elas não se entendessem mais.

Representação da Torre de Babel. Gravura colorida, Livro do Gênesis, Antigo Testamento.

1. Com mais dois colegas, pesquisem em *sites* ou livros em qual região do mundo a Torre de Babel teria sido construída.

2. A seguir, procurem outros mitos e lendas que, como o da Torre de Babel, expliquem a diversidade de línguas que há entre os seres humanos.

A escrita e os registros da História

O uso de **símbolos** na comunicação humana é bastante comum. Alguns deles foram criados para serem usados e compreendidos por diferentes povos, independentemente da língua falada por eles, a fim de facilitar a comunicação. São utilizados para substituir avisos, comunicados e proibições escritos.

Mais recentemente, essa maneira de se comunicar também passou a ser usada em redes sociais e aplicativos de troca de mensagens. Os *emojis*, por exemplo, as chamadas "carinhas", servem tanto para representar objetos como para demonstrar emoções.

> **símbolos:** representações gráficas, orais ou gestuais que comunicam ideias, sentimentos ou mensagens.

Banco de imagens/Arquivo da editora

Emojis.

1 Escreva uma palavra ou frase que explique cada um dos símbolos abaixo.

Creative Icon Styles/Shutterstock

Marco's Studio/Shutterstock

MariyaF/Shutterstock

Walther S/Shutterstock

veronchick84/Shutterstock

Mike Taylor/Shutterstock

2 Você utiliza símbolos para se comunicar? Em quais situações?

3 Agora, imagine que você está conversando com um colega de sua sala por meio de um aplicativo de troca de mensagens. Escreva como seria esse diálogo na escrita geralmente usada nesse meio de comunicação.

4 Quais são as principais diferenças entre escrever uma mensagem para o colega e uma redação na escola?

As primeiras escritas

A invenção da linguagem escrita demorou milhares de anos para se desenvolver entre os grupos humanos. E, se a linguagem oral foi usada por todos os grupos humanos, o mesmo não ocorreu com a escrita: nem todos os povos sentiram necessidade de desenvolver esse tipo de linguagem.

Na região da Mesopotâmia, por exemplo, a invenção da escrita só ocorreu por volta de 3500 a.C., quando os sumérios inventaram a escrita cuneiforme. O termo vem de **cunha**, que era uma pequena ferramenta de entalhe, um instrumento usado para gravar símbolos em plaquinhas de cerâmica.

Placa com escrita cuneiforme produzida em cerca de 2400 a.C. na região da Mesopotâmia, atual Iraque. Os sumérios riscavam a placa e a deixavam secar.

No mesmo período, os egípcios criaram a escrita hieroglífica. A palavra hieróglifo vem do grego *hieros*, que significa sagrado, e *glyphein*, que significa gravar ou escrever, e quer dizer escrita sagrada. Mas foram os fenícios que, por volta de 1200 a.C., inventaram o primeiro **alfabeto** de que temos conhecimento.

Escrita encontrada em um sarcófago fenício do século V a.C. O primeiro alfabeto foi inventado pelos fenícios, um povo que viveu na região onde hoje é o Líbano, entre aproximadamente 3000 a.C. e 300 a.C.

Hieróglifos em parede de tumba egípcia construída entre 1292 e 1187 a.C. A escrita egípcia recorria a símbolos para registrar informações e ideias.

Os alfabetos mais usados no mundo

Há diferentes alfabetos no mundo hoje. O latino, por exemplo, é usado em várias línguas, entre elas a língua portuguesa, sendo formado por um conjunto de mais de 20 sinais gráficos, cada um deles representando um ou mais sons diferentes.

Veja outros alfabetos usados no mundo atualmente.

O *Abjad*, alfabeto árabe, é um dos mais utilizados no mundo. É formado por 28 letras e lido da direita para a esquerda. Fotografia do Corão, livro sagrado do islã.

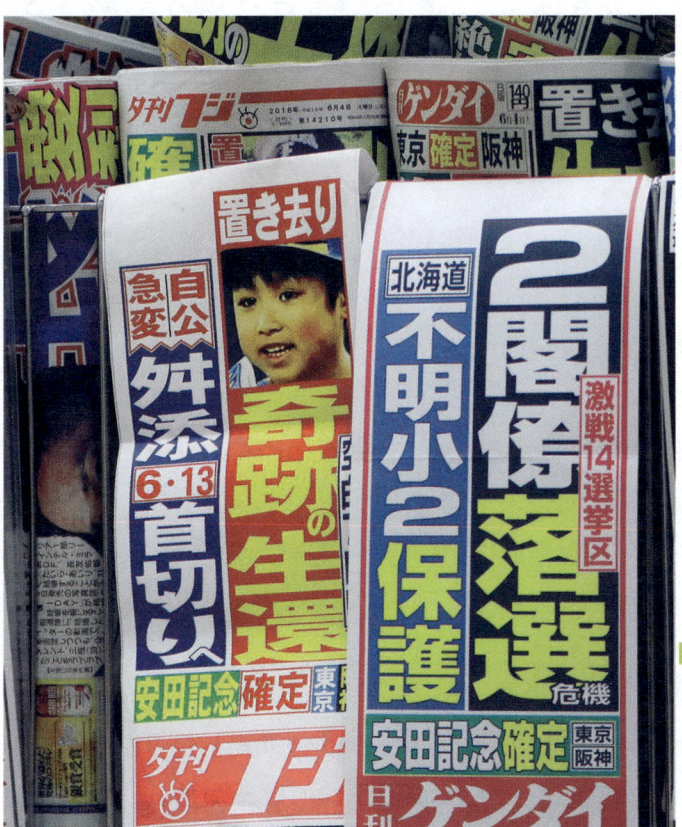

O sistema de escrita da língua japonesa utiliza ideogramas, ou seja, símbolos que representam uma palavra ou conceito, e dois alfabetos fonéticos. Fotografia de jornais publicados no Japão em 2016.

1 Quantos sinais (letras) existem atualmente em nosso alfabeto? _____

2 Quantas letras diferentes foram usadas para escrever a frase abaixo?

> ATUALMENTE VÁRIOS ALFABETOS SÃO USADOS NO MUNDO.

3 Imagine que você precisa fazer uma lista de compras de alimentos. Com um colega, inventem um sistema de escrita que utilize desenhos para registrar cada alimento que deverá ser comprado. Os desenhos não podem utilizar letras e precisam ser diferentes, para que qualquer leitor possa compreendê-los.

De olho na imagem

A escrita hieroglífica do Egito antigo caiu em desuso e começou a ser decifrada apenas entre o final do século XVIII e o início do século XIX.

Em 1799 foi descoberto no Egito um bloco de pedra de granito preto que ficou conhecido como Pedra de Roseta. Nesse bloco de pedra, havia textos grafados em três escritas distintas: um em hieróglifo, outro em demótico – uma espécie de hieróglifo simplificado, usado em textos cotidianos – e um terceiro em grego.

Ao perceberem que o nome Ptolomeu se repetia nos três textos, os estudiosos concluíram que estavam diante de um mesmo texto escrito em três diferentes línguas e que, se conseguissem ler a tradução em grego, poderiam decifrar a escrita dos hieróglifos. E, com o tempo, conseguiram.

Com a decifração da escrita hieroglífica, foi possível conhecer o conteúdo de centenas de documentos produzidos no Egito antigo e compreender o contexto de criação da Pedra de Roseta. As inscrições foram feitas para registrar a gratidão dos sacerdotes ao faraó Ptolomeu V, o qual havia concedido ao povo a isenção de uma série de impostos.

Muitos pesquisadores afirmam que a descoberta da Pedra de Roseta foi um dos achados arqueológicos mais importantes de todos os tempos. Desde 1802, a **estela** se encontra no Museu Britânico, em Londres. De acordo com o museu, a Pedra de Roseta tem as seguintes dimensões:

- altura: 112,3 centímetros;
- largura: 75,7 centímetros;
- espessura: 28,4 centímetros.

estela: coluna ou placa de pedra onde se faziam inscrições.

1. Por que a descoberta da Pedra de Roseta foi importante para conhecer a sociedade dos antigos egípcios?

_____

_____

_____

_____

2 Observe com atenção a fotografia da Pedra de Roseta. Nela há três escritas diferentes:

- a escrita baseada em hieróglifos, que usa figuras de objetos, de animais e de seres humanos, entre outros símbolos;

- a escrita demótica, que utiliza símbolos que praticamente não conhecemos;

- o grego antigo, que utiliza muitas letras do alfabeto usadas até hoje.

Identifique essas escritas e escreva o nome de cada uma delas abaixo das fotos:

Pedra de Roseta, exposta no Museu Britânico, em Londres, na Inglaterra. Foto de 2017.

A importância do registro escrito

O uso da escrita, além de possibilitar o registro e a transmissão de determinadas informações, provocou grandes transformações nas sociedades humanas que desenvolveram esse tipo de linguagem.

Na Mesopotâmia, a escrita era utilizada para controlar atividades comerciais e registrar grandes acontecimentos, rituais religiosos, leis e canções.

Um dos mais antigos conjuntos de leis escritas que se conhece é o Código de Hamurabi, criado durante o governo do rei Hamurabi da Babilônia, na Mesopotâmia, por volta de 1750 a.C.

O Código de Hamurabi foi esculpido em um monumento de pedra para todos conhecerem os castigos que teriam caso cometessem os delitos registrados.

Estela com o Código de Hamurabi, que hoje se encontra exposta no Museu do Louvre.

1 Leia dois artigos do Código de Hamurabi e faça o que se pede.

O Código de Hamurabi

- Se um homem cegou o olho de um homem livre, o seu próprio olho será cego.
- Se cegou o olho de um escravo, ou quebrou-lhe um osso, pagará metade do seu valor.

Secretaria do Estado da Educação de São Paulo.
Coletânea de documentos históricos, de 5ª a 8ª séries. p. 53.

a) De acordo com esses dois artigos do Código de Hamurabi, é possível afirmar que todas as pessoas eram iguais na Mesopotâmia?

_____

_____

b) Você já ouviu a expressão "olho por olho, dente por dente"? Converse com os colegas e o professor sobre isso.

2 Você e seus colegas conhecem as regras da escola? Como elas são comunicadas?

Tradições orais e memória

A preservação da cultura, das tradições e da memória é muito importante para o indivíduo e também para os diferentes grupos que formam a sociedade. Ela é tão importante que se trata de um direito dos cidadãos assegurado por lei na Constituição brasileira.

Atualmente, predomina o uso de determinados recursos para registrarmos atividades, hábitos e modos de vida. As redes sociais são um dos exemplos possíveis. Por meio de textos e imagens (fotografias, *gifs* e outros), vídeos (imagens e sons), registramos e compartilhamos momentos importantes e também fatos do cotidiano.

As redes sociais permitem a uma pessoa recordar-se de suas experiências passadas. Esses registros também podem ser compartilhados com outras pessoas e ficam disponíveis a todo o tempo na internet.

Indígenas registram com celulares os Jogos Mundiais dos Povos Indígenas, ocorridos em outubro de 2015, em Palmas, no estado do Tocantins.

1. Converse com seus pais ou avós sobre como as pessoas registravam acontecimentos importantes no passado. Depois, converse com os colegas sobre suas descobertas. O que mudou e o que permaneceu?

2. Você já utilizou redes sociais para registrar algum acontecimento da sua vida? Qual acontecimento?

Outra forma de registrar acontecimentos é por meio da memória coletiva, relacionada aos diferentes grupos sociais.

A memória coletiva pode ser o conjunto de lembranças de uma família, de uma comunidade, de um povo ou de um país e é, geralmente, passada de geração em geração.

Muitos povos preservam suas tradições e memórias de fatos considerados essenciais transmitindo-os oralmente por meio de histórias. As canções, as festividades, as celebrações religiosas e os livros são outros modos de preservar e transmitir tradições.

Grupo de *griots* africanos narrando histórias tradicionais de seu povo em apresentação no México, em 2016.

Minha coleção de palavras em História

A expressão a seguir é bastante usada por historiadores e estudiosos.

TRADIÇÃO ORAL

1. Escreva uma frase explicando o que é uma tradição oral. Lembre-se de que a frase tem de fazer referência aos temas trabalhados no capítulo.

_____

_____

_____

2. Por que as tradições orais são importantes para a organização da vida em um grupo social? Sob a orientação do professor, converse com os colegas sobre esse tema.

A importância da transmissão oral de conhecimentos

Grande parte das histórias e dos conhecimentos que temos nos foram transmitidos oralmente. Os chás medicinais e remédios caseiros são um bom exemplo de conhecimento transmitido de geração em geração, oralmente ou pela prática. Outro exemplo são as fábulas e os provérbios, que têm por finalidade mostrar qual é o comportamento considerado mais adequado para as pessoas em determinadas situações.

Hoje, muitos desses saberes e fazeres são registrados em livros e imagens, como uma forma de preservá-los.

1. Pergunte a um adulto se já ouviu falar nos chás de erva-cidreira, erva-doce e carqueja. Peça a ele que conte o que aprendeu sobre esses chás, quem ensinou e para que são indicados.

2. Converse com os colegas e o professor sobre:

- algumas canções tradicionais da comunidade em que vocês vivem;

- alguns pratos típicos da região onde vocês moram.

Assim também aprendo

Uma forma importante de preservação da memória coletiva e individual no Brasil é a literatura de cordel. Trata-se de uma tradição oral que teve origem na região Nordeste, em que poetas elaboram narrativas para compartilhar notícias e histórias. Vamos ler um cordel?

Quando ainda não havia
O rádio e a televisão
E os jornais não chegavam
Pra toda população
O folheto de CORDEL
Era o JORNAL DO SERTÃO

Lendo folhetos, então
O nosso povo sabia
Lenda de rei e princesa
E fato que acontecia...
Por ser cultura do povo
Inda resiste hoje em dia.

VIANA, Arievaldo. **Salto para o futuro**: literatura de cordel e escola. Ano XX, boletim 16, out. 2010. Disponível em: <https://cdnbi.tvescola.org.br/resources/VMSResources/contents/document/publicationsSeries/12065716-LiteraturaCordel.pdf>. Acesso em: 16 dez. 2019.

Agora é a sua vez! Com um colega, escolham um tema e façam um poema em forma de cordel sobre ele.

Literatura de cordel à venda no Centro de Tradições Nordestinas do Rio de Janeiro, em 2018.

Luta pela preservação da memória

Existem grupos que precisam lutar muito para ter seus direitos reconhecidos pela sociedade e pelo Estado, inclusive o direito de preservar suas memórias e tradições culturais.

No Brasil, a luta das populações das comunidades **remanescentes** de quilombos pelo direito de permanecer nas terras em que seus antepassados viveram e pela preservação das suas tradições nesses locais é um exemplo disso.

Entre os séculos XVI e XIX, o termo **quilombo** era usado para nomear os povoamentos formados principalmente pelos escravizados que conseguiam fugir de seus senhores. Os quilombolas eram as pessoas que viviam nesses povoamentos.

Hoje, as populações quilombolas são, em sua maioria, descendentes dos antigos moradores desses povoamentos.

As fotos a seguir mostram algumas tradições centenárias que as populações quilombolas mantêm vivas.

● **remanescentes:** que restam, que permanecem.

▶ Artesão quilombola mostra cesto de palha confeccionado na comunidade e vendido em mercados e feiras locais, em Ubatuba, no estado de São Paulo. Foto de 2014.

▶ Artesãs da comunidade quilombola do município de Alcântara, no estado do Maranhão produzem cerâmica. Foto de 2019.

Apresentação do Grupo Reisado da Comunidade Quilombola de Inhanhum, no município de Santa Maria da Boa Vista, no estado de Pernambuco. Foto de 2019.

1 Sob a orientação de seu professor, pesquise em livros, revistas e *sites* informações sobre:

- comunidades quilombolas brasileiras;

- estados brasileiros onde se encontra o maior número de comunidades quilombolas;

- tradições das comunidades quilombolas;

- escolas das comunidades quilombolas.

> **Sugestão de...**
> **Filme**
> **Disque Quilombola**.
> David Reeks, 2012, 13 minutos.

2 Escreva abaixo um texto sobre as informações que você encontrou.

_____

_____

_____

_____

_____

_____

A marca do tempo nas sociedades

Você acha que os costumes permanecem iguais ao longo do tempo?

Para iniciar

Leia este poema do poeta e escritor brasileiro Carlos Drummond de Andrade.

Cortesia

Mil novecentos e pouco.
Se passava alguém na rua
sem lhe tirar o chapéu
Seu Inacinho lá do alto
[...]
Murmurava desolado
— Este mundo está perdido!
Agora que ninguém porta
nem lembrança de chapéu
e nada mais tem sentido,
que sorte Seu Inacinho
já ter ido para o céu.

ANDRADE, Carlos Drummond de.
Poesia completa. Rio de Janeiro:
Nova Aguilar, 2008. p. 1055.

Pedestres na avenida São João,
na cidade de São Paulo.
Foto de 1915.

1. O poema fala de um gesto muito comum no Brasil até a primeira metade do século XX. Que gesto era esse e o que ele simbolizava?

2. Que aspectos do cotidiano você observa nessa fotografia que não costuma ver no seu dia a dia?

3. Você já ouviu falar de outros costumes que desapareceram? Quais?

O cotidiano se transforma

Se comparados com o presente, alguns costumes eram muito diferentes no Brasil do século XIX.

Naquela época, a estrutura da família brasileira era patriarcal. Isso significa que o chefe de família decidia como sua esposa, seus filhos e filhas e outros parentes deveriam viver e se comportar.

Nas famílias mais ricas, as mulheres estavam autorizadas a sair às ruas somente acompanhadas por um familiar ou um escravizado e passavam a maior parte do tempo em casa.

Já algumas escravizadas e mulheres livres mais pobres, que precisavam trabalhar, podiam circular desacompanhadas pela cidade para buscar água nos **chafarizes** ou encomendas para seus senhores. Outras trabalhavam pelas ruas da cidade vendendo quitutes ou outros produtos como escravas de ganho.

Sugestão de...
Livro
O cotidiano brasileiro no século XIX. Hernâni Donato, Melhoramentos.

chafarizes: fontes de água com várias bicas, que funcionam como bebedouro ou fornecimento público de água.

1 Observe as imagens abaixo e descreva as diferenças entre as mulheres nelas representadas.

Uma barraca de feira, gravura colorida de Henry Chamberlain, 1821.

Dama no Rio de Janeiro e sua acompanhante, de autor não identificado, cerca de 1844.

2 Converse com seus colegas: No Brasil do século XIX, as mulheres mais ricas saíam pouco de casa e quando saíam precisavam estar acompanhadas. E hoje, acontece o mesmo?

A corte portuguesa no Brasil e os novos hábitos

Em 1808, a família real portuguesa se transferiu para o Brasil. Isso provocou a modernização de muitas cidades, principalmente a do Rio de Janeiro, que era a capital do Brasil na época. Além de novas ruas e construções, a cidade passou a ter iluminação pública e **fiscalização sanitária** de mercados e matadouros, entre outras melhorias.

fiscalização sanitária: verificação das condições de higiene de um lugar por fiscais autorizados pelo governo.

O Rio de Janeiro recebeu um grande número de portugueses e estrangeiros, que vieram trabalhar como cientistas, artistas, artesãos e comerciantes.

A vinda da família real para o Brasil também influenciou o comportamento e os costumes das pessoas mais ricas, que passaram a se vestir e a se portar como os europeus. O cotidiano das pessoas mais pobres, porém, praticamente não se modificou.

1 Observe a imagem abaixo e troque ideias com os colegas e o professor.

Reprodução/Fundação Biblioteca Nacional, Rio de Janeiro, RJ.

Cerimônia do beija-mão, de A. P. D. G. (artista e militar inglês). As pessoas compareciam à cerimônia para beijar a mão de dom João VI.

a) O que as pessoas retratadas na imagem acima estão fazendo?

b) Esse costume existe ainda hoje?

2 Como as pessoas se cumprimentam hoje em dia?

As inovações tecnológicas e sociais

No século XIX, houve grande transformação na ciência: ela passou a ter uma importância maior e, por isso, fazia parte dos costumes investir em pesquisas, o que possibilitou a criação de novas tecnologias e invenções, como o bonde e o **fonógrafo**, que provocaram mudanças nos hábitos e no comportamento das pessoas.

No final do século XIX e início do XX, eram muitas as inovações tecnológicas e sociais. E elas chegavam rapidamente a quase todos os setores da economia e da vida das pessoas, modificando muitos hábitos e costumes.

Máquina de escrever, telefone, telégrafo, estradas de ferro, locomotivas a vapor, bondes nas cidades, luz elétrica, jornais e teatros: as novidades eram tantas que as pessoas mal podiam acreditar naquilo tudo que estavam vivenciando.

fonógrafo: antigo aparelho que servia para reproduzir os sons gravados em discos.

Reprodução/Biblioteca da Escola de Comunicações e Artes da USP São Paulo, SP

Desenho de 1921 com o telefone, na época um símbolo da modernidade. **Revista da Semana**, Rio de Janeiro, ano XXII, n. 1.

Quais das inovações citadas existem ainda hoje e quais foram modificadas?

Minha coleção de palavras em História

A palavra abaixo aparece bastante nos estudos de História.

MODERNIZAÇÃO

1. Segundo o texto, o que era moderno no final do século XIX e começo do século XX? Isso é moderno hoje?

2. Desde o século XIX, as inovações tecnológicas causam impacto na vida cotidiana das pessoas. Converse com o professor e os colegas sobre quais inovações podem surgir nos próximos anos e como elas podem mudar a vida de vocês.

Tecendo saberes

As mudanças ocorridas durante o século XIX também se expressaram nas manifestações culturais e nas atividades de lazer da população.

recital: concerto de música vocal ou instrumental, apresentado geralmente por um solista.

A cidade do Rio de Janeiro, por exemplo, que era a capital do Brasil, começou a abrigar óperas, concertos de piano, **recitais** de canto, além de espetáculos teatrais.

Enquanto os mais ricos dançavam nos salões ao som de gêneros musicais europeus, a maior parte da população – negros escravizados, mestiços e homens e mulheres livres e pobres – dançava nas ruas o lundu e outros ritmos que misturavam elementos musicais de origem africana e portuguesa.

Cena de bailado na Quinta da Boa Vista, Rio de Janeiro, de autor desconhecido, 1817. O príncipe dom Pedro e sua esposa, dona Leopoldina, abrem o baile. Ao piano, outra princesa: Maria Teresa.

Reprodução/Coleção particular

▶ **Dança lundu**, de Johann Moritz Rugendas, gravura de aproximadamente 1825. Essa dança teve origem na mistura dos ritmos das músicas africanas e das danças portuguesas. Foi a primeira forma de música negra aceita pela sociedade brasileira.

1 Observe as pessoas que aparecem nas imagens desta página e da anterior, e responda às questões.

a) Que diferenças podem ser notadas entre as roupas das pessoas representadas em cada uma das imagens?

b) Há diferença entre a postura das pessoas em cada imagem? Qual?

2 Procure em jornais, revistas ou na internet uma foto de uma dança atual ou faça um desenho dela. Compare a imagem que você encontrou com as imagens destas páginas. Depois, troque ideias com os colegas e o professor: Existem semelhanças ou diferenças entre as imagens que a turma encontrou e as imagens destas páginas? Quais?

3 Os músicos conseguem tocar uma música juntos porque seguem um mesmo ritmo, que é a pulsação da música. Assim como acontece com a pulsação do nosso corpo, às vezes não percebemos a pulsação da música, mas ela está lá, presente o tempo todo.

a) Seu professor vai escolher uma canção para vocês ouvirem. Com os colegas, encontrem a pulsação da canção e batam o pé para marcá-la.

b) Depois, contem quantas vezes bateram o pé no intervalo de 1 minuto. Isso vai definir o andamento da composição musical. Qual é o andamento da canção que vocês ouviram?

c) Agora, contem os batimentos cardíacos, medindo-os pelo pulso ou pela lateral esquerda do pescoço, durante 1 minuto. Qual pulsação é mais rápida: a da música ou a do seu corpo?

Transformações nos modos de vida do século XX

Na segunda metade do século XX, o estilo de vida dos brasileiros mudou muito, principalmente o daqueles que moravam em grandes centros urbanos.

A partir dos anos 1950, o rádio, que até então era o principal veículo de comunicação, começou a enfrentar a concorrência da televisão. Os anos 1950 também foram os anos dourados para a indústria automobilística. Tinha início a era dos automóveis e das rodovias.

O Brasil passou a sofrer, assim como outros países da América Latina, grande influência cultural dos Estados Unidos. Tudo o que vinha desse país – filmes, músicas, roupas e outros hábitos culturais – era valorizado e imitado.

Novos produtos de consumo surgiram, como os *jeans*, as camisetas e a goma de mascar. Na foto, James Dean, famoso ator estadunidense, em 1955.

A propaganda dos hábitos e dos produtos americanos foi a grande responsável pela popularização da cultura americana no mundo.

1 Troque ideias com os colegas e o professor:

a) Você costuma ouvir muita música estrangeira? De que país é a maioria das músicas que você ouve?

b) Você sabe a origem da maioria dos filmes exibidos no Brasil? Cite exemplos de filmes a que você já assistiu ou costuma assistir.

2 No quadro abaixo há palavras em inglês que atualmente são muito usadas pelos brasileiros. Procure no dicionário ou na internet o significado dessas palavras e depois converse com o professor e os colegas sobre o significado e o uso delas.

airbag	*hamburger*	*shopping*	*ticket*
diesel	*internet*	*show*	*videogame*
DVD	*jeans*	*spray*	*zoom*
freezer	*mouse*	*surf*	

Entre o final do século XX e o começo do século XXI, o mundo mudou bastante – e muito rapidamente. Surgiram novos hábitos, novas modas, diferentes maneiras de viver, trabalhar e se divertir.

Algumas décadas atrás, era comum nas cidades brasileiras que as famílias se divertissem passeando nas praças. Quase sempre havia um coreto onde músicos e outros artistas se apresentavam. Mas durante muitos anos os coretos se calaram.

Hoje, o hábito de ir às praças voltou a fazer parte dos fins de semana das famílias de algumas cidades brasileiras.

3 Observe a imagem abaixo e responda às questões.

João Caldas Barreto/Futura Press

Coreto da Praça da Liberdade, em Belo Horizonte, no estado de Minas Gerais. Foto de 2016.

a) Você já viu um coreto? Onde? Havia músicos ou outros artistas se apresentando?

_____

b) Além do coreto, o que mais está retratado na foto acima?

_____

c) Há praças na sua cidade ou no seu bairro? Quem costuma frequentar essas praças?

_____

4 Troque ideias com os colegas e o professor:

• Que diversões foram substituindo os passeios na praça?

• Como vocês costumam se divertir em família?

Mudanças na composição familiar

O modo de entender o que são famílias também vem mudando nas últimas décadas. Hoje a maioria dos brasileiros entende que as famílias podem ser formadas de várias maneiras, ser chefiadas pela mãe e pelo pai juntos, só pela mãe, só pelo pai, por duas mães, por dois pais ou por outros adultos, parentes ou não.

A legislação brasileira reconhece que casais formados por pessoas do mesmo sexo também constituem uma família. Desde 2011, eles têm os mesmos direitos de matrimônio que um casal formado por um homem e uma mulher.

A separação de casais, que era considerada um escândalo no passado, também passou a ser algo aceito pela maioria da população.

Um dado importante é o fato de que há mais pessoas vivendo sozinhas. Segundo dados do Instituto Brasileiro de Geografia e Estatística (IBGE), o número de pessoas que moram sós no país vem aumentando nos últimos anos.

1 Observe as imagens e responda: Você conhece outros arranjos familiares? Discuta com os colegas e o professor.

Família sem filhos. Foto de 2016.

Família composta de pai e filha. Foto de 2019.

2 Observe a imagem ao lado e converse com os colegas sobre a participação da mulher no mercado de trabalho.

3 Você acha que homens e mulheres têm os mesmos direitos e deveres? Converse com os colegas.

4 Responda no caderno:

a) Quem contribui para o sustento de sua família?

b) Você conhece famílias chefiadas por avô ou avó?

Operárias trabalhando na construção do Parque Olímpico do Rio de Janeiro, no estado do Rio de Janeiro. Foto de 2015.

Os grupos sociais e o direito à memória

Em 1988, os movimentos negros obtiveram uma grande conquista: o reconhecimento, na Constituição, do direito das comunidades remanescentes de quilombos à terra que ocupam há gerações.

De lá para cá, o governo brasileiro estima que mais de 2 400 comunidades quilombolas tenham sido reconhecidas. A partir desse reconhecimento, que se dá por meio da emissão de um certificado, essas comunidades passaram a ter direitos, que preveem, por exemplo, a defesa e a valorização do patrimônio cultural brasileiro.

Observe atentamente a imagem abaixo. Ela retrata uma cena de trabalho no maior quilombo que se formou no Brasil entre 1590 e 1694: o Quilombo dos Palmares.

Reprodução/Instituto de Estudos Brasileiros da USP, São Paulo, SP.

Homens trabalhando no Quilombo dos Palmares, gravura de Gaspar Barlaeus em detalhe de mapa de 1647.

a) Quando foi feita a imagem?

_____

b) O que ela mostra?

_____

_____

_____

_____

A memória dos quilombos

A realidade, no entanto, é que as comunidades remanescentes de quilombos enfrentam muitas dificuldades para ter seus direitos respeitados e preservar a memória do passado. Uma forma de lutar contra isso é por meio de ações para a recuperação da memória dos quilombos que se formaram ao longo dos séculos no Brasil.

Sugestão de...
Site

Parque Memorial Quilombo dos Palmares. Disponível em: <http://serradabarriga.palmares.gov.br>. Acesso em: jun. 2020.

Por isso, é muito importante estudar a história dos quilombos e a maneira como eles se organizavam. Isso nem sempre é fácil, pois não existem muitas fontes históricas sobre como os quilombolas viviam no passado.

Essas comunidades preservam conhecimentos, costumes, histórias e rituais religiosos que passaram de geração em geração e que precisam ser valorizados e preservados.

Em 2007, o governo brasileiro criou o Parque Memorial Quilombo dos Palmares, em um lugar da região onde no passado havia se formado o quilombo. O local, na Serra da Barriga, no estado de Alagoas, ajuda a preservar a memória da luta das populações quilombolas. As construções do Parque Memorial Quilombo dos Palmares não são antigas, elas foram recriadas com base em estudos e pesquisas. Ainda assim, podem nos ajudar a refletir sobre o modo de vida nos quilombos.

1 Observe a foto do Parque Memorial Quilombo dos Palmares.

Rubens Chaves/Pulsar Imagens

Parque Memorial Quilombo dos Palmares, no estado de Alagoas. Foto de 2015.

- Quais informações a imagem pode nos fornecer sobre a vida em Palmares?

_____

_____

2 A seguir, visite o *site* do Parque Memorial para pesquisar mais sobre o modo de vida dos quilombolas e seus hábitos alimentares.

Ser indígena brasileiro hoje

Segundo dados do IBGE, há no Brasil aproximadamente 896 mil pessoas que se declaram ou se consideram indígenas.

A maioria vive no Norte do país, em territórios demarcados por lei pelo governo brasileiro. Essas terras, chamadas Terras Indígenas, existem em todo o território brasileiro. Há também indígenas morando em cidades, como mostra o mapa ao lado.

Brasil: população indígena nos municípios – 2010

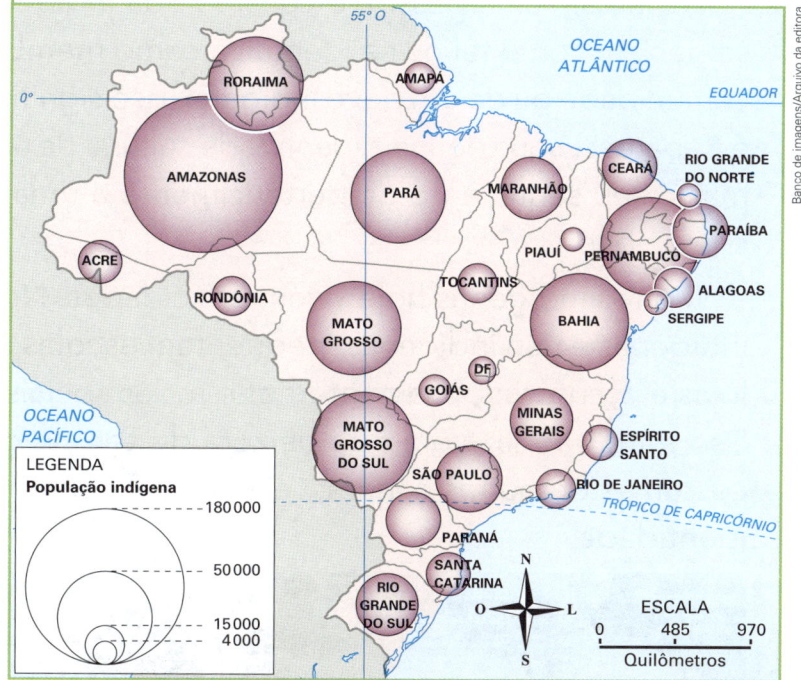

IBGE. Censo demográfico 2010. **Características gerais dos indígenas**: resultado do universo. Rio de Janeiro, 2012. p. 170. Disponível em: <https://biblioteca.ibge.gov.br/visualizacao/periodicos/95/cd_2010_indigenas_universo.pdf>. Acesso em: 26 mar. 2020.

Homens, mulheres e crianças participam da pescaria com uso de timbó (um tipo de cipó). Os homens batem o timbó na água e as mulheres são encarregadas da coleta dos peixes. Município de Feliz Natal, no estado de Mato Grosso. Foto de 2016.

1 Observe o mapa acima e responda: Quais são os estados com o maior número de indígenas?

_____

_____

2 A foto acima mostra um trabalho comunitário tradicional dos indígenas. Responda no caderno: Por que é importante demarcar e preservar as Terras Indígenas.

No Brasil, uma pessoa é considerada indígena quando se declara como tal ou se identifica como membro de uma comunidade ou de um povo indígena. Isso significa que não é a aparência que define a identidade cultural de uma pessoa, mas o seu sentimento de pertencimento a uma cultura ou comunidade.

Muitos indígenas hoje vivem em cidades. No dia a dia, eles convivem com indígenas e não indígenas, frequentam escolas e universidades, trabalham em lojas e escritórios, usam internet e redes sociais, viajam de ônibus e de avião. Isso tudo não faz com que deixem de ser indígenas, pois, mesmo adotando costumes de outras culturas, eles não abrem mão de sua história nem de sua identidade.

Sugestão de...
Livro

Histórias de índio. Daniel Munduruku, Companhia das Letrinhas.

Família indígena guarani mbya faz compras em supermercado do bairro de Parelheiros, em São Paulo, no estado de São Paulo. Foto de 2017.

1. Qualquer pessoa é considerada indígena no Brasil?

2. Para ser considerada indígena, é necessário que a pessoa viva em Terras Indígenas? Por quê?

3. Troque ideias com os colegas e o professor: Há algum indígena na escola? Vocês sabem se existem indígenas na cidade em que vocês moram? O que sabem sobre eles?

O Parque Indígena do Xingu

Uma das principais reservas indígenas, reconhecida pelo governo brasileiro, é o Parque Indígena do Xingu. Criado em 1961, no norte do estado de Mato Grosso, perto da fronteira com o Pará, ele é cortado pelo rio Xingu e seus afluentes.

Nessa reserva vivem mais de 5 mil indígenas de diferentes etnias: Kaiabi, Ikpeng, Aweti, Trumai, Suyá, entre outras. Apesar de apresentarem tradições culturais e modos de viver próprios, é possível observar alguns hábitos em comum entre os indígenas do Xingu, como o de comer peixe, mandioca, milho e produtos da Floresta Amazônica. Além de hábitos alimentares, eles compartilham muitas festas e a defesa da natureza.

No interior do parque há mais de 30 escolas nas quais as crianças indígenas estudam. Nessas escolas, existem professores indígenas que são fundamentais para preservar as tradições e também ensinar conteúdos comuns a toda a população brasileira. Os alunos aprendem as línguas indígenas e também a língua portuguesa.

Mato Grosso: Parque Indígena do Xingu – 2010

LEGENDA
- Parque Indígena do Xingu
- Divisão política atual

FUNAI. **Terras Indígenas**. Disponível em: <www.funai.gov.br/terra_indigena_2/mapa/index.php?cod_ti=33801>. Acesso em: 26 mar. 2020.

Escola indígena da etnia Waurá, no Parque Indígena do Xingu, no município de Gaúcha do Norte, no estado de Mato Grosso. Foto de 2019.

 Com a orientação do professor, pesquise um pouco mais a vida dos povos que vivem no Parque Indígena do Xingu. Depois, com base nas informações que pesquisou, em uma folha à parte, faça um desenho para representar o que aprendeu.

A luta pelos direitos dos povos indígenas

A criação das Terras Indígenas pelo governo reflete a organização e a luta dos povos indígenas brasileiros pelo direito às suas terras e pela preservação delas.

Na década de 1980, os povos indígenas se organizaram para exigir o reconhecimento de seus direitos durante os trabalhos da Assembleia Constituinte de 1988, que tinha a **missão** de criar uma nova Constituição para o Brasil.

missão:
tarefa que precisa ser realizada por alguém, um grupo de pessoas ou uma organização.

Além do direito à terra, a Constituição também reconheceu o direito à preservação da cultura e ao aprendizado das línguas indígenas nas escolas. Mais tarde, novos movimentos indígenas se organizaram para lutar pelo reconhecimento de novas terras e também pela proteção das terras já reconhecidas.

Mas ainda falta muito para que os povos indígenas brasileiros possam viver bem e com seus direitos assegurados no país. Por isso, eles continuam se organizando em grupos e movimentos para pressionar a sociedade e o governo brasileiros.

Indígenas nas galerias do Congresso Nacional durante sessão da Assembleia Constituinte. Brasília, Distrito Federal. Foto de 1988.

Manifestação com mais de 3 mil indígenas contra a votação que transfere a demarcação de Terras Indígenas do Executivo para o Legislativo. Congresso Nacional, Brasília, Distrito Federal. Foto de 25 de abril de 2017.

 Sob a orientação do professor e com os colegas, pesquisem, em livros, revistas e *sites*, informações sobre a luta pelos direitos das populações indígenas no Brasil. Depois discutam sobre isso.

As ameaças aos povos indígenas

No Brasil, existem hoje outras Terras Indígenas, além do Parque Indígena do Xingu. Isso não garante, porém, que os povos indígenas vivam em paz e não enfrentem problemas.

A expansão da agricultura, da pecuária, da mineração, do garimpo e das atividades madeireiras é um grande risco para eles. A destruição das florestas por essas atividades, mesmo fora das Terras Indígenas, contribui para a poluição dos rios e a elevação da temperatura da região.

Com a floresta mais seca e mais quente, os próprios indígenas hoje em dia procuram diminuir o uso de queimadas para o plantio de suas roças de subsistência, técnica considerada uma tradição milenar entre esses povos. Eles têm medo de que o fogo, fora de controle, se alastre à volta do espaço de suas roças, correndo o risco de incêndios atingirem grandes áreas da floresta.

1 Leia o texto a seguir e converse com os colegas e o professor sobre as questões.

A meta é incêndio zero

[...] A preocupação levou os índios a agir e fez com que o fogo que atingiu grandes porções da Amazônia em 2019 não chegasse na terra dos Ikpeng, no Médio Xingu, estado do Mato Grosso. Desde 2010, os indígenas têm adaptado suas práticas tradicionais às mudanças do clima, e tomado medidas para prevenir que o uso que fazem do fogo não crie incêndios acidentais. "Hoje a gente tá tomando muito cuidado com o uso do fogo. Porque estava trazendo muito prejuízo, destruindo nossos recursos naturais", explica Antenu Ikpeng, que é brigadista do PrevFogo. "A floresta é nosso mercado". Da floresta, eles tiram alimento, ervas medicinais e os materiais de construção para as casas da aldeia. [...]

Clara Roman. **Instituto Socioambiental**. Disponível em: <https://medium.com/@socioambiental/a-meta-%C3%A9-inc%C3%AAndio-zero-60112e4c0520 >. Acesso em: 27. jan. 2020.

a) Quais são os problemas que ameaçam o Parque Indígena do Xingu e como eles estão afetando o modo de vida tradicional dos povos que vivem lá?

b) Você já ouviu falar da técnica da queimada utilizada há incontáveis gerações pelos indígenas? O que você sabe ou já estudou sobre ela?

2 Para responder às questões a seguir, pesquise em livros, revistas e na internet.

a) Como os indígenas do Xingu procuram combater os problemas que os ameaçam?

b) Além de reconhecê-las, o que é preciso fazer para proteger as Terras Indígenas?

O que estudamos

Eu escrevo e aprendo

Folheie as páginas anteriores e relembre o que estudou. Depois, escreva abaixo uma frase sobre algo que você aprendeu em cada capítulo desta unidade e que antes não sabia.

Capítulo 5 – O uso da linguagem e a memória

_____

_____

_____

_____

Capítulo 6 – A marca do tempo nas sociedades

_____

_____

_____

_____

Minha coleção de palavras em História

Em cada capítulo desta unidade, há uma palavra destacada para a **Minha coleção de palavras em História**. São palavras comuns em textos de História e vão ajudar você a compreender melhor todos eles.

TRADIÇÃO ORAL, página 106.

MODERNIZAÇÃO, página 113.

1. O que você aprendeu com essas duas palavras? Discuta com seus colegas.

2. Em um quadro no caderno, escreva essas duas palavras e o significado de cada uma delas. O significado deve estar ligado ao que você aprendeu no capítulo.

Eu desenho e aprendo

Nesta atividade você vai utilizar a **linguagem gráfica** para retomar o que estudou na unidade. Você viu como os modos de viver e pensar, os costumes e os hábitos se transformaram no Brasil do século XIX até hoje. Escolha um tema e mostre, por meio de dois desenhos, como ele era no século XIX e como é na atualidade.

Século XIX

Século XXI – atual

Hora de organizar o que estudamos

Diferentes meios de comunicação e expressão foram criados pelo ser humano ao longo do tempo.

Linha do tempo representando a evolução dos meios e das formas de comunicação.

As tradições orais têm papel fundamental na preservação da memória de diferentes grupos sociais. Muitos povos preservam suas tradições e memórias transmitindo-as oralmente por meio de histórias contadas de geração em geração.

Grupo de *griots* narrando histórias tradicionais de seu povo em apresentação no México, em 2016.

As comunidades remanescentes de quilombos enfrentam muitas dificuldades para ter seus direitos respeitados e preservar as memórias do passado.

No Brasil, uma pessoa é considerada indígena quando se declara como tal ou se identifica como membro de uma comunidade ou de um povo indígena.

Fábio Colombini/Acervo do fotógrafo

Família indígena guarani mbya faz compras em supermercado do bairro de Parelheiros, em São Paulo, no estado de São Paulo. Foto de 2017.

Parte dos indígenas brasileiros vivem em Terras Indígenas, em terras não demarcadas ou nas cidades. Eles continuam enfrentando problemas para terem seus direitos respeitados.

Renato Soares/Pulsar Imagens

Manifestação com mais de 3 mil indígenas contra a votação que transfere a demarcação de Terras Indígenas do Executivo para o Legislativo. Congresso Nacional, Brasília, Distrito Federal. Foto de 2017.

O cotidiano dos brasileiros passou por muitas transformações ao longo do tempo. Alguns costumes e modos de pensar foram abandonados, dando lugar a outros, de acordo com as mudanças da sociedade.

Para refletir e conversar

- Dos assuntos abordados nesta unidade, houve algum sobre o qual você gostaria de saber mais? Qual?

- Na sua opinião, as novas tecnologias sempre facilitam a comunicação entre as pessoas?

- Muitas vezes os direitos de quilombolas e indígenas são desrespeitados. Você acha que podemos colaborar para que isso não aconteça? Como?

4

Patrimônio, história e memória

Danillo Souza/Arquivo da editora

- Você reconhece o patrimônio histórico representado na ilustração?
- Há algum patrimônio histórico em sua cidade? E em seu estado?
- Você já visitou algum patrimônio histórico?

7 Patrimônio histórico e cultural

No seu entendimento, uma dança ou uma música podem ser considerados patrimônio cultural?

Para iniciar

O frevo é uma expressão cultural brasileira composta de música e dança considerada patrimônio cultural imaterial da humanidade, segundo a Unesco. Leia a letra da canção abaixo.

É hora de frevo

Quem quiser me ver
Me procure aqui mesmo
Quando chega o carnaval
Seja noite ou dia
Aqui tudo é alegria
E alegria não faz mal

É aqui que eu danço
Aqui é que eu canto
[...]

Na quarta-feira,
quando tudo terminar!
Eu espero mais um ano,
até o frevo voltar!

CAPIBA. É hora de frevo. Intérprete: Claudionor Germano. In: _____. **História do Carnaval, 20 supersucessos**. Recife: Polydisc, 2004. CD 1. Faixa 16.

Passista de frevo na Praça Barão de Rio Branco, popularmente conhecida como Praça do Marco Zero do Recife, no estado de Pernambuco. Foto de 2016.

1. O frevo é muito popular no Carnaval do Recife desde o final do século XIX. Você já viu alguém dançar e cantar um frevo?

2. Na sua opinião, por que é importante preservar esse tipo de tradição cultural no Brasil?

3. Em sua cidade ou região há alguma manifestação artística que poderia ser considerada patrimônio pelos moradores do lugar?

Patrimônios materiais

Quem vive em uma cidade nem sempre percebe que as ruas e as construções que nela existem podem contar como a cidade se formou e se modificou ao longo do tempo.

Como tudo que se relaciona à vida humana, as cidades também têm história. As suas construções, a disposição de suas ruas, a organização de seus bairros e até mesmo os seus problemas são exemplos de aspectos ligados à história de uma cidade.

Veja o exemplo das cidades do Recife e de Olinda, no estado de Pernambuco.

Panorama de Olinda e Recife, visto da ladeira da Misericórdia, em Olinda, no estado de Pernambuco, de Franz Carls, 1878 (litografia de 29,2 cm × 40,9 cm).

Cidade de Olinda vista do alto da Sé, em 2015. Ao fundo, a cidade do Recife, capital do estado de Pernambuco.

 As imagens acima mostram as cidades de Olinda e Recife em diferentes épocas. Em seu caderno, faça um quadro com as permanências e as mudanças que ocorreram na paisagem dessas cidades.

Locais e construções como patrimônios materiais

Em algumas cidades, ou em partes delas, ainda são conservados conjuntos arquitetônicos ou monumentos isolados construídos em outros tempos, porque a sociedade e o poder público entendem que possuem valor histórico e cultural. Por sua relação com o presente de um determinado grupo social, da comunidade local ou da sociedade como um todo, esses locais são escolhidos como patrimônio e tombados pelo Instituto do Patrimônio Histórico e Artístico Nacional (Iphan).

Pelourinho, bairro da cidade de Salvador, no estado da Bahia. Foto de 2015. "Pelourinho" vem do nome dado ao poste de madeira ou de pedra que era utilizado para punir as pessoas que cometessem crimes. Escravizados que fugiam, por exemplo, eram castigados no pelourinho. Nos dias atuais, cerca de 350 casarões do bairro foram restaurados. O bairro atrai milhares de turistas do mundo todo.

A cidade de São Luís foi fundada por franceses em 1612 e, depois de ser invadida por holandeses, foi colonizada pelos portugueses. No centro histórico há ruas estreitas e grandes sobrados com fachadas revestidas de azulejos e sacadas com muretas de ferro. Casario colonial revestido com azulejos portugueses no centro histórico de São Luís, capital do estado do Maranhão. Foto de 2015.

O primeiro nome da cidade foi Vila Rica, mas, como o ouro que saía de suas minas parecia mais escuro, ela ficou conhecida como Ouro Preto. Até hoje suas ladeiras são revestidas com o calçamento original, isto é, grandes pedras lisas, encaixadas umas ao lado das outras. Na foto, vista das torres da Igreja Matriz de Nossa Senhora do Pilar, em Ouro Preto, no estado de Minas Gerais, em 2017.

São Cristóvão foi a capital e a cidade mais importante de Sergipe antes da fundação de Aracaju, em 1855. Como foi constituída na época da União Ibérica (união das Coroas de Portugal e Espanha), ela mistura características do planejamento urbano espanhol e português. No período colonial, era a cidade mais importante no caminho entre Salvador e Olinda. Igreja e Convento de São Francisco, na Praça São Francisco, em São Cristóvão, no estado de Sergipe. Foto de 2015.

1. Discuta com os colegas e o professor: O que os lugares retratados nas fotos têm em comum?

2. Converse com pessoas mais velhas que conheçam bem a cidade em que você vive para descobrir mais sobre ela. Siga o roteiro e anote as respostas em seu caderno.

   a) Quais são os locais mais antigos da cidade onde você vive?

   b) Esses locais sofreram transformações? Quais? O que permaneceu do passado?

Preservação de construções históricas

De modo geral, as cidades surgem, crescem e se modificam. Algumas desaparecem, mas outras permanecem ao longo do tempo – sofrendo poucas ou muitas transformações.

A cidade do Rio de Janeiro foi fundada no ano de 1565, mas só começou a crescer a partir de 1763, depois que a capital do Brasil foi transferida de Salvador para lá.

Nos quase dois séculos que o Rio de Janeiro foi sede do governo, e também depois, a cidade cresceu muito. Grandes mudanças ocorreram na cidade, mas algumas construções da época em que era capital se conservam até hoje, como é o caso dos Arcos da Lapa.

Reprodução/Coleção particular

▶ **O aqueduto do Rio de Janeiro**, de William Alexander, 1792 (litografia). Os Arcos da Lapa foram usados durante muito tempo como aqueduto. Eles foram inaugurados em 1750 para levar água da floresta da Tijuca até a região central da cidade.

Luca Atala/Pulsar Imagens

▶ Arcos da Lapa em 2010. No século XIX, o aqueduto deixou de ser usado para essa finalidade. Sua estrutura foi aproveitada para a instalação da linha de bondes que liga o centro ao bairro de Santa Teresa, inaugurada em 1896 e em funcionamento até hoje.

1 Como os Arcos da Lapa são utilizados hoje?

_____

_____

_____

_____

2 Os Arcos da Lapa foram inaugurados em que período da História do Brasil?

_____

_____

_____

_____

3 Observe e compare as imagens da página anterior. Em seguida, faça as atividades.

a) O que pode ser visto ao redor dos Arcos da Lapa em cada imagem?

_____

_____

_____

b) Liste quais foram as principais intervenções humanas na paisagem representada.

_____

_____

_____

c) Você acha que o local retratado na litografia estava completamente urbanizado? E no período em que a fotografia foi tirada?

_____

_____

_____

As cidades e sua história

Para conhecer a história da cidade em que vivemos, podemos começar pelos seus bairros e as características que fazem um bairro ser diferente do outro. Para isso, teremos que pesquisar as etapas da formação dos bairros e descrever como eles surgiram e se desenvolveram ao longo do tempo. Podemos buscar informações nas mais diversas fontes históricas disponíveis ou em textos escritos por estudiosos e pesquisadores.

Esses registros nos contam, entre outras coisas:

- como era a vida no bairro e na cidade em outros tempos;
- o que as pessoas faziam, como se vestiam, como se locomoviam;
- como eram os bairros e a cidade;
- quando os bairros foram criados e se foram planejados;
- quem eram os primeiros moradores.

1 O texto a seguir é um testemunho do passado de um bairro. Foi escrito por uma neta de imigrantes italianos e conta como a comunidade ajudou a construir a igreja católica do bairro em que ela mora, Nova Vicenza. Leia e responda às questões.

A igreja de Nova Vicenza é dedicada a São Vicente Mártir. [...] É aquela perto da nossa casa, porque a terra onde está foi doada pelo meu avô [...]. Meu pai colocou uma olaria [...] e lá fizeram os tijolos para construir a igreja nova, mas foi tudo à mão. Todos os Pasqualle hospedavam um filho de algum colono, davam-lhe comida e cama para ele trabalhar nas obras da igreja, e nós, além de darmos comida e cama por dois anos, demos também a terra.

ALVIM, Zuleika. Imigrantes: a vida privada dos pobres do campo. In: SEVCENKO, Nicolau (Org.). **História da vida privada no Brasil** – República: da *Belle Époque* à era do rádio. São Paulo: Companhia das Letras, 1998. p. 262-263.

a) De que maneira as famílias italianas do bairro de Nova Vicenza contribuíram para a construção da igreja?

_____

_____

b) Na sua opinião, a construção da igreja foi importante para a comunidade daquele bairro?

c) Você conhece alguma história em que as pessoas colaboraram para um objetivo comum na cidade ou no bairro em que você mora?

Outra maneira de conhecer a história da cidade em que moramos é conversar com os moradores, especialmente com aqueles que vivem há muito tempo no lugar.

São os moradores e os grupos sociais de um bairro ou de uma cidade que precisam refletir e decidir o que é importante para a sua comunidade, o que deve ser conservado e valorizado como patrimônio histórico, sejam prédios, tradições culturais, saberes ou modos de agir.

Além de termos nossas memórias e tradições coletivas preservadas, também é fundamental que respeitemos os demais patrimônios de nossa cidade, estado, país e de outros lugares do mundo, mesmo quando não nos identificamos com eles.

2 Observe as fotografias da cidade de Manaus e responda às questões a seguir.

Casarios no centro histórico de Manaus, capital do estado do Amazonas. Foto de 2015.

Edifícios residenciais na orla da praia da Ponta Negra, em Manaus, Amazonas. Foto de 2015.

a) Há diferenças entre as imagens apresentadas? Quais?

_____

_____

_____

b) Em sua comunidade, existem lugares com construções antigas e outras mais modernas? Converse com os colegas e o professor a respeito disso.

3 Leia o **depoimento** do senhor Ariosto, que nasceu na capital do estado de São Paulo, em 1900.

A avenida Paulista era bonita, calçamento de paralelepípedos, palacetes. As outras ruas eram semicalçadas, cobertas de árvores, de mata. De noite, os "lampioneiros" vinham acender os lampiões e de madrugada voltavam para apagar. Minha rua tinha poucas casas, uma aqui, outra a quinhentos metros. [...] a nossa [casa] tinha quintal com pés de laranja, mixerica [mexerica], ameixa e abacate. Minha mãe gostava muito de flores e plantava rosas, margaridas, violetas. Todo dia de manhã cedo ia regar as flores com seu regadorzinho. E eu ia atrás dela.

BOSI, Ecléa. **Memória e sociedade:** lembranças de velhos. São Paulo: Companhia das Letras, 1994. p. 154.

- Com a ajuda do professor, escrevam em um quadro as diferenças e as semelhanças entre o que diz o texto acima e o que mostra a foto abaixo.

Vista da avenida Paulista, em São Paulo, no estado de São Paulo. Foto de 2017.

Minha coleção de palavras em História

A palavra a seguir é muito importante nos estudos de História.

DEPOIMENTO

1. No depoimento desta página, o senhor Ariosto contou uma história sobre o passado da cidade em que nasceu. Você pode fazer o mesmo. Escreva, no caderno, um breve depoimento sobre um acontecimento do passado de sua cidade.

2. Além da forma escrita, como podem ser registrados os depoimentos? Discuta com os colegas.

Saiba mais

Além do Iphan, no Brasil existem outros órgãos públicos destinados a proteger o patrimônio cultural do país. Um deles é o Ministério Público Federal (MPF). Leia o texto a seguir sobre esse tema.

 Professor Ari: Tudo bem, turminha? Vamos conversar hoje sobre a atuação do MPF na preservação do nosso patrimônio cultural. Nossos bens culturais materiais e imateriais são muito importantes para conhecermos a história do Brasil e saber como se formou a nossa cultura. [...]

 Malu: E o MPF? Cuida de todos esses bens?

 **Professor Ari:** Isso mesmo, Malu. O MPF trabalha para preservar as características essenciais de todos os bens materiais e imateriais de nossa cultura.

 Rod: E como é o trabalho do MPF nessa área?

 Professor Ari: Ele atua na Justiça e fora dela para evitar que as novas construções mudem as características dos bens protegidos, para recuperar aqueles que estão danificados e para declarar o valor cultural dos que ainda não foram reconhecidos. O MPF também tenta equilibrar o turismo com a proteção de nosso patrimônio, pois muitas vezes áreas protegidas e bens culturais atraem muitos turistas.

MINISTÉRIO PÚBLICO FEDERAL. Turminha do MPF. Preservar o patrimônio cultural também é patrimônio do MPF. Disponível em: <www.turminha.mpf.mp.br/o-mpf/atuacao-do-mpf/patrimonio-cultural>. Acesso em: 23 dez. 2019.

1. Qual é o papel do Ministério Público Federal na preservação do patrimônio brasileiro?

_____

_____

2. Por que são necessários órgãos públicos para proteger o patrimônio de um país?

_____

_____

_____

Sugestão de...

Livro

Meu, seu, de todos: patrimônio cultural. Renata Consegliere, Positivo.

Ilustrações: Cláudio Chyo/Arquivo da editora

Patrimônios imateriais

Os bens que são escolhidos como patrimônio histórico e artístico não são apenas bens materiais. Escolhem-se também sítios naturais e bens imateriais.

Patrimônio imaterial é todo o conjunto de bens intelectuais e emocionais de um povo, ou seja, o conjunto de tradições, hábitos, ofícios e outros saberes e fazeres transmitidos de geração em geração.

Uma característica importante desse tipo de patrimônio é que ele não é formado por objetos que podem ser guardados em um museu.

Os bens imateriais só existem enquanto um grupo social os pratica, caso contrário, eles desaparecem. Portanto, uma forma de preservar o patrimônio imaterial de um povo é garantir que ele continue sendo praticado e transmitido para as novas gerações.

É por esse motivo que há uma grande preocupação em registrar em filmes, fotografias, entrevistas, entre outras maneiras, muitos saberes e fazeres que podem se perder no futuro.

Nesse sentido, a Unesco organizou uma lista de bens imateriais do mundo inteiro que precisam ser preservados. Esse tipo de iniciativa tem como objetivo estimular os governos e as próprias comunidades locais a reconhecer, valorizar e preservar seu patrimônio.

1 Vamos conhecer alguns exemplos de patrimônio imaterial de outros países? Observe as fotografias e leia as legendas a seguir.

O **fado** é um gênero musical que se desenvolveu em Portugal a partir de tradições rurais e urbanas do século XIX. Geralmente, o fado é cantado por um homem ou uma mulher e recebe acompanhamento de instrumentos musicais, como guitarras portuguesas e violões. Na foto, de 1990, Amália Rodrigues, intérprete do fado português.

O *taekkyeon* é uma arte marcial coreana baseada em movimentos físicos ritmados que dão a impressão de fluidez e leveza. Demonstração de *taekkyeon* na Coreia do Sul. Foto de 2017.

Os japoneses praticam um ritual chamado **mibu** para garantir boas colheitas de arroz. Durante o ritual, que acontece no primeiro domingo do mês de junho, os camponeses da região de Hiroshima entoam cantos e tocam instrumentos musicais. Foto de 2015.

O *keskek* é um prato cerimonial preparado pelos turcos em ocasiões especiais, como casamentos, rituais tradicionais e algumas celebrações religiosas. O prato é feito a partir do cozimento do trigo.

a) Todos os bens imateriais representados nas imagens são práticas do mesmo tipo?

b) Quais características esses bens imateriais compartilham entre si?

c) Na sua opinião, por que é importante preservar bens imateriais como esses?

2 Analise as imagens a seguir e classifique-as em PM (patrimônio material) ou PI (patrimônio imaterial).

Casario colonial no centro histórico de São Luís, capital do estado do Maranhão. Foto de 2019.

Roda de capoeira no município de Salvador, no estado da Bahia. Foto de 2019.

Passistas de frevo no Caís da Alfandega no município do Recife, no estado de Pernambuco. Foto de 2018.

Ruínas da igreja jesuíta de São Miguel das Missões, no estado do Rio Grande do Sul. Foto de 2018.

Sítio Arqueológico no Parque Nacional Serra da Capivara, no município de São Raimundo Nonato, no estado do Piauí. Foto de 2018.

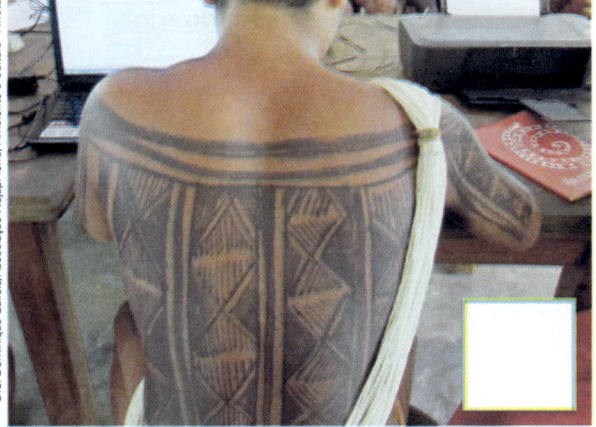

Pintura corporal dos índios Wajãpi, arte kusiwa, na Associação Wajãpi Terra, Ambiente e Cultura (Awatac), no estado do Amapá. Foto de 2014.

Com a palavra...

As sociedades costumam preservar bens materiais e imateriais que consideram importantes para a sua história e sua cultura. Leia a entrevista com a arqueóloga Regina Rezende Bechelli, do Iphan (Instituto do Patrimônio Histórico e Artístico Nacional).

Reprodução/Coleção particular

Regina Helena Rezende Bechelli, arqueóloga do Iphan. Foto de 2019.

Qual é o objetivo do Instituto?

O objetivo do Iphan é proteger e promover os bens culturais do país, buscando assegurar a sua permanência e usufruto para a população da atualidade e também para gerações futuras.

O que significa o tombamento de um bem material ou o registro de bens imateriais?

O tombamento é um dos instrumentos mais conhecido de proteção e reconhecimento do patrimônio cultural. São sujeitos a tombamento os monumentos naturais, sítios e paisagens que importe conservar ou proteger pela feição notável com que tenham sido dotados pela natureza ou criados pelos seres humanos.

Além do tombamento, existem outros instrumentos de preservação de um patrimônio: o registro e o inventário, que possuem a mesma função de reconhecimento e proteção de um bem cultural.

Como trabalham os técnicos do Iphan?

O corpo técnico do Iphan é formado por arquitetos, historiadores e arqueólogos. Dentre as diversas tarefas que esses profissionais exercem dentro da instituição as principais são: elaborar pareceres técnicos para determinar a proteção de um bem cultural ou garantir a sua proteção, caso ele já tenha sido tombado, e fiscalizar a sua integridade por meio de visitas ao bem cultural.

Por que os patrimônios naturais são importantes?

Assegurar a proteção de monumentos naturais, tais como formações físicas e biológicas, formações geológicas e fisiográficas, além de sítios naturais, é algo de extrema importância, uma vez que essa proteção ao ambiente está associada à preservação do patrimônio arqueológico e ao respeito à diversidade cultural e às populações tradicionais. Esses patrimônios estão cada vez mais ameaçados de destruição, sobretudo pela evolução da vida social e econômica, que traz consigo movimentos de alteração e destruição de ambientes naturais, e junto a isso um impacto no patrimônio arqueológico e aos modos de fazer de comunidades tradicionais.

Patrimônio imaterial, memória coletiva e tradição

A Cachoeira de Iauaretê

No Brasil também há inúmeros exemplos de patrimônio imaterial. Um deles é a Cachoeira de Iauaretê (ou Cachoeira da Onça). Localizada no município de São Gabriel da Cachoeira, no estado do Amazonas, a cachoeira é considerada um lugar sagrado para os povos indígenas que vivem na região dos rios Uaupés e Papuri.

Os Tariano, um desses povos indígenas, acreditam que a divindade chamada Ohkomi vivia ali. A perseguição a essa divindade, contada no mito, deu origem às pedras sagradas da cachoeira e ao próprio povo Tariano. Leia a seguir uma versão dessa história.

É a partir dessa narrativa mítica que os Tariano fundamentam suas reivindicações como moradores legítimos de Iauaretê, pois ali se conta a origem de várias das [...] ilhas e **paranás** dessa cachoeira na forma de sucessivas transformações de um ser chamado Ohkomi. Segundo contam, a gente-onça já sabia que Ohkomi viria a propiciar a origem de um grupo numeroso que dominaria o rio Uaupés – isto é, os Tariano. Por esse motivo, ele foi capturado [...] e sacrificado [...]. Com as onças em seu encalço, Ohkomi buscava despistá-las transformando-se em animais ou plantas. Todas as formas que assumiu até ser morto tornaram-se as pedras da cachoeira que hoje se prestam à colocação de elaboradas armadilhas de pesca – caias, cacuris e matapis, cujas estruturas são encaixadas e afixadas em determinadas pedras entre os meses de março e abril, antes das águas começarem a subir.

Cachoeira de Iauaretê, localizada no município de São Gabriel da Cachoeira, no estado do Amazonas. Foto de 2015.

● **paranás:** canais que se formam entre uma ilha fluvial e a margem do rio.

ANDRELLO, Geraldo. Histórias tariano e tukano: política e ritual no rio Uaupés. **Revista de Antropologia**, São Paulo, v. 55, n. 1, 2012. p. 300.

1 Com um colega, escrevam um texto sobre a Cachoeira de Iauaretê.

2 Em dupla, escrevam frases que estimulem a defesa do meio ambiente e a preservação de lugares como a Cachoeira de Iauaretê.

O jongo

Outro exemplo importante de bem imaterial do Brasil é o jongo, uma forma de expressão afro-brasileira que integra dança de roda, batida de tambores, ritos e crenças.

O jongo hoje é praticado nos estados da região Sudeste – São Paulo, Rio de Janeiro, Minas Gerais e Espírito Santo. Para essa região, sobretudo para o vale do Paraíba, milhares de africanos foram trazidos à força para trabalhar nas fazendas, primeiro, de cana-de-açúcar, depois, de café. Nessas fazendas o jongo era dançado por africanos e afrodescendentes escravizados. Porém era proibido aos jovens, de modo que só adultos mais velhos e idosos podiam praticá-lo.

Grupo de jongo da cidade de Piquete, no estado de São Paulo. Foto de 2017.

No início do século XX, o jongo, que era o ritmo mais tocado nas favelas cariocas, acabou influenciando o nascimento do samba no Rio de Janeiro, que é outro exemplo de bem imaterial do Brasil. O jongo pode ser também considerado uma prática de memória coletiva.

Roda de samba na cidade do Rio de Janeiro, no estado do Rio de Janeiro. Foto de 2016.

1. Por que o jongo, de origem afro-brasileira, é considerado uma prática de memória coletiva da população brasileira?

_____

_____

2. Com a ajuda do professor, pesquise mais informações sobre o jongo. Depois, com os colegas, montem um mural em sala de aula sobre o tema.

A fabricação artesanal de queijo de minas

O modo artesanal de fazer queijo de minas, nas regiões do Serro, da Serra da Canastra e do Salitre, no estado de Minas Gerais, é outro exemplo de bem imaterial do Brasil. Ele envolve um conjunto de técnicas que vem da tradição portuguesa.

No território do atual estado de Minas Gerais, ocupado pelos portugueses a partir do século XVIII, a população que lá se estabeleceu criou um modo próprio de fazer queijo,

Produção artesanal de queijo na região da Serra da Canastra, no estado de Minas Gerais. Foto de 2016.

combinando técnicas que vinham de Portugal e ingredientes locais, disponíveis na região. Por isso, até hoje o tradicional queijo artesanal de Minas Gerais deve ser feito apenas com leite cru, coalho, sal e um fermento.

Atualmente, o queijo artesanal de Minas Gerais é consumido em todos os estados do país e é considerado um dos melhores queijos brasileiros.

1 Leia o texto abaixo, sobre o modo artesanal de fazer queijo.

> Por mais que se avance na modernidade e que se aprimorem a tecnologia e os equipamentos, o modo artesanal de fazer o queijo será sempre uma forte referência da melhor tradição mineira. Tradição secular que está no cotidiano do trabalhador das fazendas, aquele que adentra os currais nas madrugadas frias para da ordenha extrair o precioso líquido que outras mãos irão transformar. Tradição que está no gestual próprio dos queijeiros, homens e mulheres, e nos utensílios [...] das belíssimas cozinhas mineiras com seu mobiliário **rústico** e seu rico inventário de cheiros e sabores. Tradição que está no hábito da prosa sem pressa em redor da mesa, com o queijo no prato, circulando entre os comensais junto com o bule de café.

> **rústico:** aquilo que é próprio da vida no campo.

DOSSIÊ Iphan 11: Modo Artesanal de Fazer Queijo de Minas. Brasília: Iphan, 2014. p. 55-56. Disponível em: <http://portal.iphan.gov.br/uploads/publicacao/Dossie_Queijo_de_Minas_web.pdf>. Acesso em: 29 dez. 2019.

2 Além do queijo de minas, há outros alimentos consumidos no Brasil que conservam seus antigos modos de fazer e tradições. Na sua região há alimentos produzidos assim? Converse com os colegas e o professor sobre isso.

Saiba mais

Há outros patrimônios imateriais do Brasil que combinam tradições muito diversas. Vamos conhecer alguns deles?

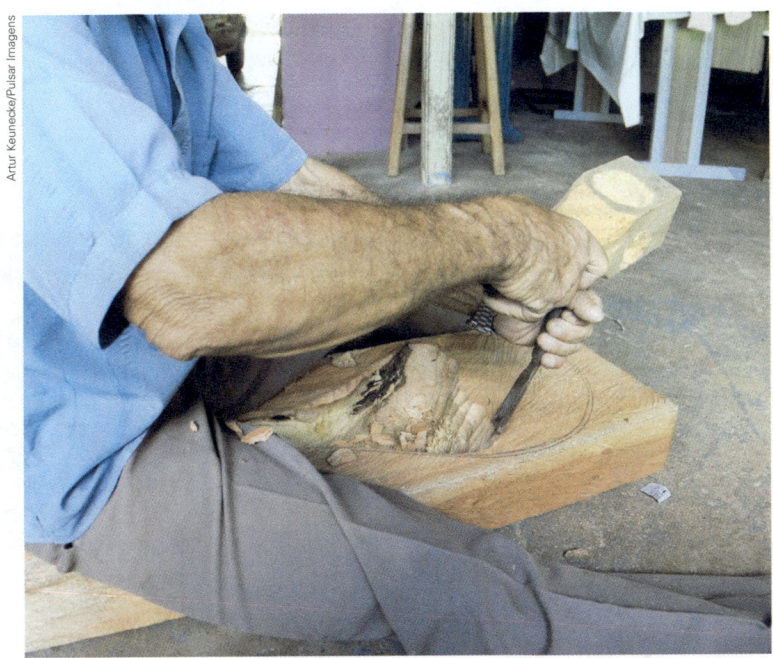

Artur Keunecke/Pulsar Imagens

▶A viola de cocho é um instrumento musical produzido na região Centro-Oeste do Brasil. Os artesãos locais utilizam apenas materiais disponíveis na região para a produção do instrumento, como madeira e fios de algodão. Há registros de uso das violas de cocho no Brasil desde o século XIX, e os pesquisadores acreditam que o modo de fazer a viola de cocho é baseado em técnicas indígenas e também europeias. Foto de 2013.

Tales Azzi/Pulsar Imagens

▶Artesã produz panela de barro na Associação Paneleiras de Goiabeiras Velhas, um bairro da cidade de Vitória, capital do Espírito Santo, onde se desenvolveu o ofício das chamadas paneleiras de Goiabeiras. A produção artesanal de panelas se baseia em técnicas de cerâmica desenvolvidas por populações indígenas que viviam no Brasil. Como os colonizadores portugueses também passaram a utilizar essas técnicas, pode-se dizer que o ofício das paneleiras de Goiabeiras é resultado da combinação de diferentes saberes. Foto de 2018.

• Qual é a origem das técnicas utilizadas para fazer a viola de cocho e as panelas de Goiabeiras?

_____

_____

Tecendo saberes

Até hoje o Brasil teve três capitais:

- Salvador, de 1549 a 1763;
- Rio de Janeiro, de 1763 a 1960; e
- Brasília, desde a inauguração, em 1960, até hoje.

A ideia de construir Brasília, uma nova e moderna capital no coração do país, era muito antiga. Com a nova capital seria possível promover a ocupação do interior do território e a integração nacional, ligando os lugares mais distantes do Brasil.

A cidade foi projetada pelo arquiteto Oscar Niemeyer e pelo urbanista Lúcio Costa. O projeto que os dois criaram contava com técnicas modernas de planejamento urbano e a cidade acabou adquirindo características únicas. Isso fez com que Brasília se tornasse a maior área tombada como patrimônio mundial pela Unesco.

A importância de Brasília não está só na cidade e em suas construções. Um exemplo disso é o Parque Nacional de Brasília, que abriga a maior parte das nascentes que abastecem o Distrito Federal, e áreas preservadas de Cerrado.

Além disso, o Iphan já identificou a existência de importantes manifestações de patrimônio imaterial na região de Brasília. Um exemplo disso é o Vale do Amanhecer, um templo religioso fundado na década de 1960 que deu origem à primeira experiência religiosa nascida na nova capital brasileira.

Como forma de reconhecer a importância cultural dessa religião, o Iphan vem organizando a documentação necessária para incluir esse local na lista oficial de bens imateriais do Brasil.

Sugestões de...

Livros

Brasília, uma viagem no tempo.
Eliana Martins, Editora do Brasil.

Flor do Cerrado: Brasília.
Ana Miranda, Companhia das Letrinhas.

Filme

Superquadras.
Marcelo Feijó e Mário Salimon, 2014, 24 minutos.

Vista do Parque Nacional de Brasília, em 2014.

Árvore de copaíba.

30 m

1,2 m

No parque vivem diversos animais, incluindo alguns ameaçados de extinção, como o tamanduá-bandeira.

1 Por que a capital do Brasil foi construída no Centro-Oeste?

2 Por que o Parque Nacional de Brasília é importante para:

a) a população da região?

b) as espécies nativas da região?

3 Observe o mapa abaixo e responda:

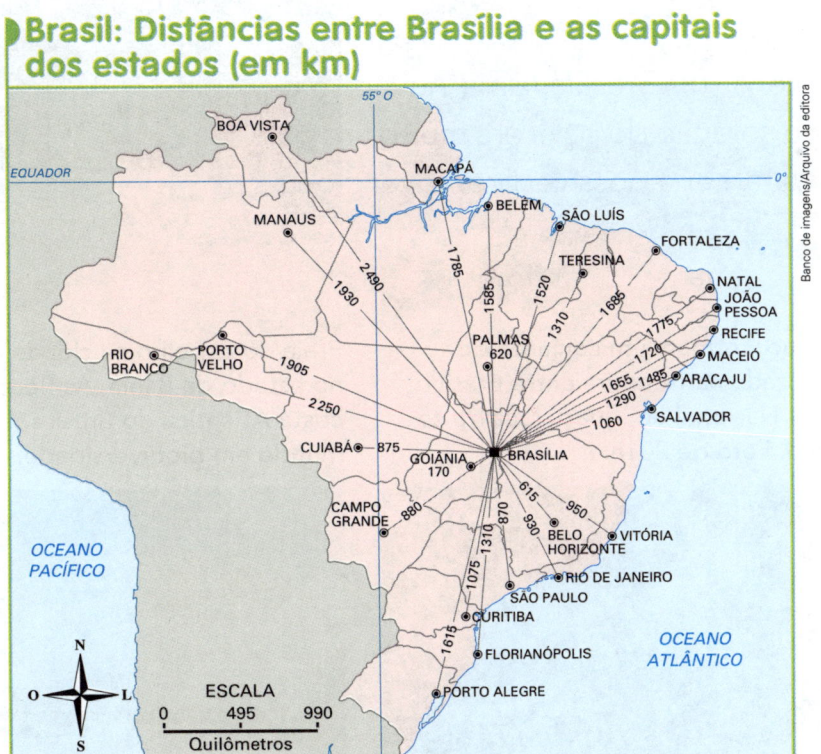

IBGE. **Anuário estatístico do Brasil**. Rio de Janeiro, 2011. p. 15.

a) Qual é a distância da capital do estado em que você mora até Brasília?

_____

b) Se um voo de Porto Alegre a Teresina precisasse parar para reabastecer, qual trajeto seria o mais curto: com parada em Brasília ou em Belo Horizonte?

_____

_____

4 Com ajuda dos colegas e do professor, pesquisem mais sobre Brasília. Depois, montem um mural com as principais informações encontradas.

Patrimônios naturais

Atualmente, existem sete sítios naturais do Brasil que são considerados patrimônio mundial pela Unesco. São áreas de grande importância, pois, entre outras características, são o *habitat* de espécies ameaçadas. Vamos conhecê-las?

habitat: lugar em que um organismo vive e tem condições favoráveis a sua sobrevivência.

As Cataratas do Iguaçu formam um conjunto de quedas-d'água localizado na fronteira entre Brasil e Argentina. O Parque Nacional do Iguaçu localiza-se no estado do Paraná. Foto de 2018.

Praia do Espelho na cidade de Porto Seguro, no estado da Bahia. As florestas tropicais da costa Atlântica do Brasil são as mais ricas do mundo em biodiversidade. Foto de 2017.

Floresta de Mata Atlântica preservada no Parque Estadual Carlos Botelho. São Miguel Arcanjo, no estado de São Paulo. Foto de 2015.

O Pantanal é um bioma que se localiza nos estados de Mato Grosso e Mato Grosso do Sul. Bioma é um ambiente com características particulares que o definem, como clima, flora e fauna. Foto de 2017.

Vitórias-régias na Reserva de Desenvolvimento Sustentável Mamirauá, em Tefé, no estado do Amazonas. Foto de 2016.

Ilhas Atlânticas de Fernando de Noronha e Atol das Rocas. Na foto, ilhas Dois Irmãos e morro do Pico ao fundo, em Fernando de Noronha, no estado de Pernambuco. Foto de 2016.

Cerrado e morro do Buracão ao fundo, no Parque Nacional da Chapada dos Veadeiros, no estado de Goiás. Foto de 2016.

Assim também aprendo

1. Observe atentamente a tirinha abaixo.

ALVES. **Cerrado**, Cerrado em Quadrinhos, 11 out. 2015. Disponível em: <http://cerradoem quadrinhos.blogspot.com.br/2015/10/passado-presente-futuro.html>. Acesso em: 30 dez. 2019.

• Como a tirinha trata da importância da preservação do Cerrado brasileiro?

_____

_____

_____

_____

2. Em dupla, elaborem uma história em quadrinhos sobre a importância da preservação da natureza e dos patrimônios naturais do Brasil.

Mudanças e permanências no patrimônio histórico

Você já ouviu falar nas Sete Maravilhas do Mundo Antigo?

Para iniciar

O trecho da canção abaixo fala sobre uma dessas maravilhas. Leia-o com atenção e tente identificá-la. Depois, converse com os colegas e o professor.

Jardins da Babilônia

Suspenderam
Os Jardins da Babilônia
Eu pra não ficar por baixo
Resolvi botar as asas pra fora porque

Quem não chora dali
Não mama daqui
Diz o ditado
Quem pode, pode
Deixa os acomodados
Que se incomodem

LEE, Rita; MARCUCCI, Lee.
Jardins da Babilônia. In: Rita Lee
e Tutti Frutti. **Babilônia**.
Rio de Janeiro: Som Livre,
1978. Faixa 4.

Rodval Matias/Arquivo da editora

1 A qual das Sete Maravilhas do Mundo Antigo a canção faz referência?

2 O que você sabe sobre o povo que construiu esses jardins?

O que era patrimônio histórico na Antiguidade?

Algumas sociedades antigas se destacaram por construir grandes monumentos, lembrados ainda hoje por sua beleza, embora muitos deles não existam mais. Essas construções tinham uma finalidade prática e simbólica compartilhada pela população e serviam, por exemplo, para honrar antepassados, celebrar acontecimentos importantes, cultuar o que consideravam sagrado e demonstrar o poder dos governantes.

De acordo com estudos e fontes históricas disponíveis até o momento, podemos dizer que os gregos foram um dos primeiros povos a se preocupar com grandes monumentos.

Assim, entre 150 a.C. e 120 a.C., uma lista de sete obras monumentais foi compilada por filósofos gregos. Ela incluía: a Estátua de Zeus de Olímpia e o Colosso de Rodes, ambas na Grécia; o Farol de Alexandria e a Grande Pirâmide de Gizé, no Egito; os Jardins Suspensos da Babilônia, na Mesopotâmia, atual Iraque; o Templo de Ártemis em Éfeso e o Mausoléu de Halicarnasso, no atual território da Turquia.

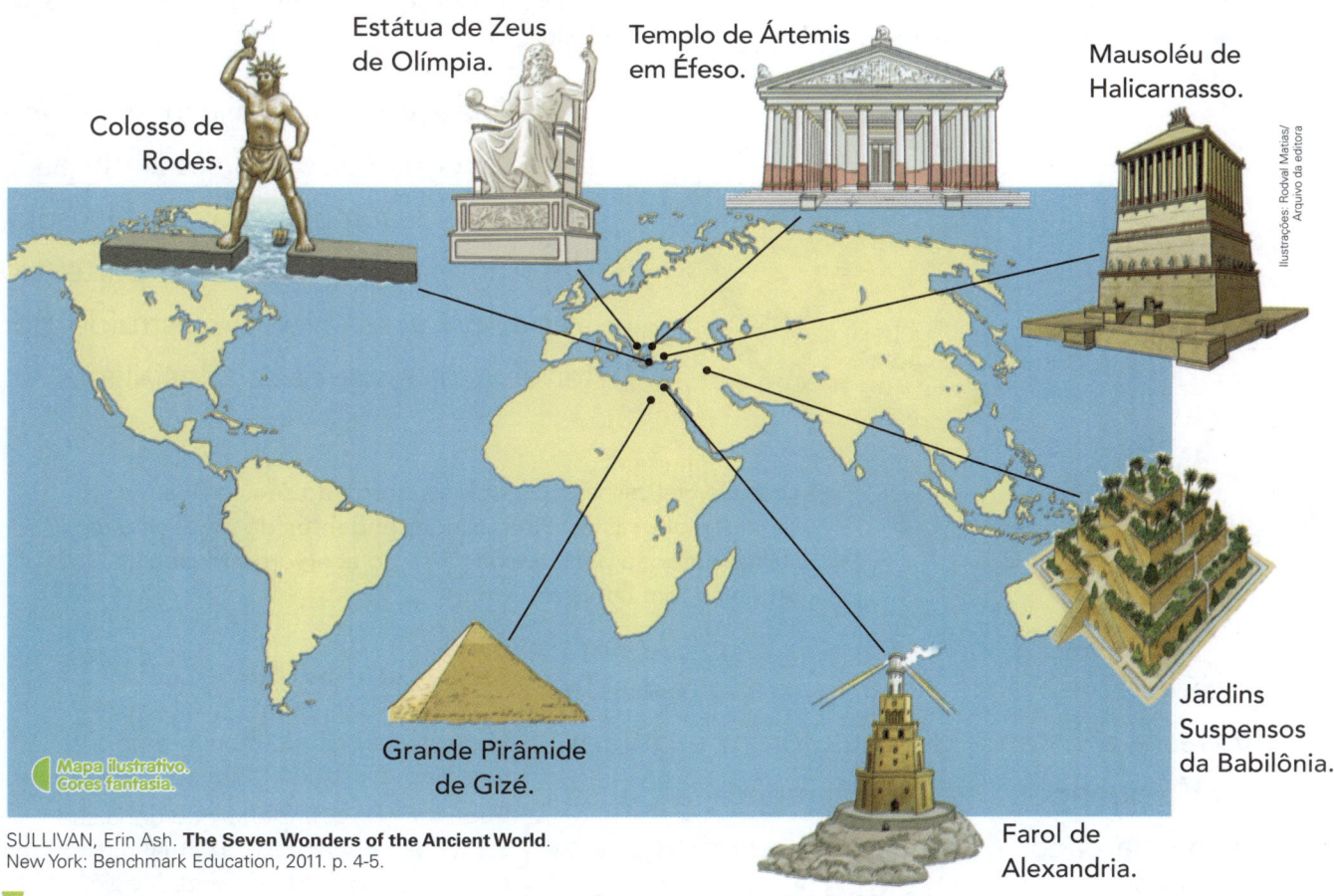

Colosso de Rodes.

Estátua de Zeus de Olímpia.

Templo de Ártemis em Éfeso.

Mausoléu de Halicarnasso.

Ilustrações: Rodval Matias/Arquivo da editora

Grande Pirâmide de Gizé.

Farol de Alexandria.

Jardins Suspensos da Babilônia.

Mapa ilustrativo. Cores fantasia.

SULLIVAN, Erin Ash. **The Seven Wonders of the Ancient World**. New York: Benchmark Education, 2011. p. 4-5.

Ilustração representando como seriam as Sete Maravilhas do Mundo Antigo de acordo com as fontes históricas disponíveis. Cores fantasia.

A Grande Pirâmide de Gizé, no Egito, é a única Maravilha da Antiguidade que ainda existe. Ela foi construída pelos egípcios entre 2589 a.C. e 2566 a.C. para servir de tumba ao faraó Queóps.

Vista da cidade do Cairo, capital do Egito, com as Pirâmides de Gizé ao fundo, em 2017. Atualmente, as Pirâmides de Gizé fazem parte da paisagem urbana do Egito.

O **Mausoléu** de Halicarnasso também foi construído, no século IV a.C., para servir de túmulo para o rei Mausolo, da Cária, na época uma parte do **Império Persa**. Ele foi destruído por terremotos entre os séculos XII e XV.

Leão de Halicarnasso, escultura grega do século IV a.C. Uma das poucas esculturas independentes do Mausoléu de Halicarnasso, a peça encontra-se no acervo do Museu Britânico, em Londres.

Já o Templo de Ártemis, o **Colosso** de Rodes e a Estátua de Zeus foram erguidos em homenagem, respectivamente, à deusa grega da caça, Ártemis, ao deus grego do Sol, Hélio, e ao deus mais importante do Olimpo, Zeus.

Mausoléu: nome dado a tumbas grandes e monumentais. A palavra **mausoléu** surgiu do monumento funerário construído para o rei Mausolo.

Império Persa: império que tinha sua capital em Persépolis, no atual território do Irã, na região do Oriente Médio, entre os séculos VI a.C. e IV a.C.

Colosso: nome dado a grandes estátuas.

Construído em Éfeso no século VI a.C., o Templo de Ártemis foi destruído em um incêndio por volta de 356 a.C. A Estátua de Zeus, erguida no século V a.C., foi transportada de Olímpia a Constantinopla, onde foi destruída por um terremoto entre os séculos V e VI d.C. O Colosso de Rodes, construído entre 292 a.C. e 280 a.C., também foi destruído por um terremoto, em 225 a.C.

Outra Maravilha da Antiguidade que sofreu por conta de terremotos foi o Farol de Alexandria. Construído no Egito no século III a.C., a torre de mais de 100 metros de altura, visível a mais de 50 quilômetros de distância no mar, e utilizada para indicar a entrada do porto de Alexandria, resistiu até o século XV.

Quanto aos Jardins Suspensos da Babilônia, os pesquisadores até hoje não encontraram vestígios arqueológicos de quando e onde eles foram construídos. Segundo relatos, o rei Nabucodonosor II, um dos reis da Babilônia, construiu jardins em terraços de até 97 metros de altura para consolar sua mulher, que sentia falta da natureza de sua terra natal. Se os Jardins Suspensos da Babilônia existiram como foram descritos pelos gregos, eles foram erguidos entre 605 a.C. e 562 a.C. e destruídos por um terremoto no século I d.C.

Erich Lessing/Album/Fotoarena/Museu Marítimo Nacional, Haifa, Israel

Sammlung Rauch/Interfoto/Fotoarena

Moedas romanas do século II que retratam o Farol de Alexandria.

1 Qual era a função de cada uma das Sete Maravilhas do Mundo Antigo?

_____

_____

_____

_____

_____

2 No caderno, elabore uma linha do tempo com as datas de construção e destruição das Sete Maravilhas do Mundo Antigo.

A construção dos grandes monumentos da Antiguidade

Muitas das construções que compõem a lista das Sete Maravilhas do Mundo Antigo foram erguidas para serem grandes **monumentos**. Um monumento é, de modo geral, uma obra erigida em homenagem a algo ou alguém importante, como um governante ou um deus, e pretende preservar a memória do homenageado.

A Grande Pirâmide de Gizé, no Egito, por exemplo, não foi construída apenas para servir de túmulo ao faraó Quéops. Ela representava o poder desses governantes na sociedade egípcia.

A construção de uma pirâmide naquela época levava muitos anos e envolvia o esforço de milhares de trabalhadores, sobretudo para o transporte dos grandes blocos de pedra com os quais era feita.

Grande parte desses trabalhadores eram camponeses livres obrigados a dedicar um período do ano à construção de obras públicas, que podiam ser estradas, pontes, templos ou monumentos.

Como o trabalho era duro e cansativo, muitos adoeciam ou morriam durante as obras. Por trás de todo grande monumento do passado, portanto, há muito esforço e sacrifício daqueles que o construíram.

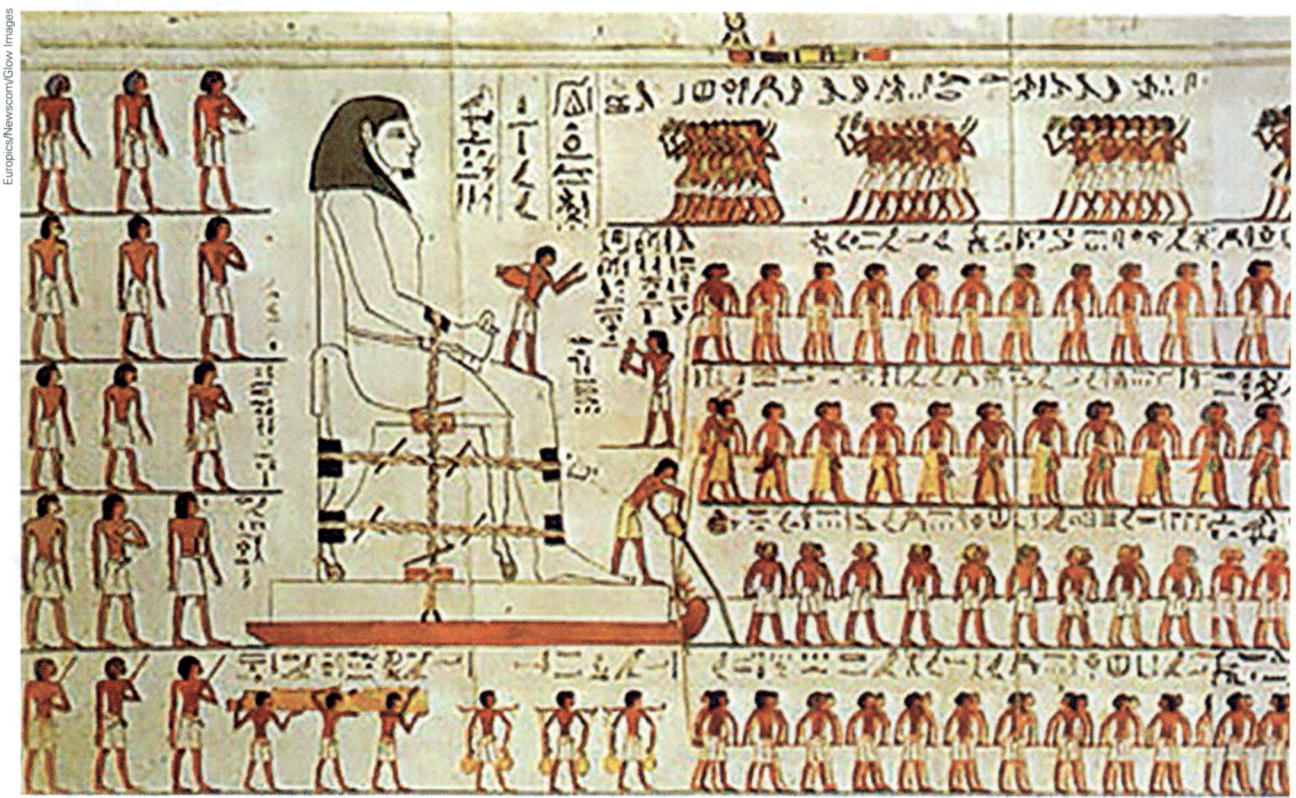

Imagem encontrada no túmulo de Djehutihotep, de aproximadamente 1900 a.C., em Deir El-Besha, no Egito. Essa imagem apresenta o modo de se movimentar as pedras e as estátuas esculpidas.

Reflita a respeito da mão de obra utilizada naquelas construções lendo o poema a seguir, escrito pelo **dramaturgo** alemão Bertold Brecht no início do século XX. Depois converse com os colegas e o professor.

● **dramaturgo:** autor de peças de teatro.

Perguntas de um trabalhador que lê

Quem construiu a Tebas de sete portas?
Nos livros estão nomes de reis:
Arrastaram eles os blocos de pedra?

E a Babilônia várias vezes destruída
Quem a reconstruiu tantas vezes?

Em que casas da Lima dourada moravam os construtores?
Para onde foram os pedreiros, na noite em que a Muralha da China ficou pronta?

A grande Roma está cheia de arcos do triunfo:
Quem os ergueu?
[...]

BRECHT, Bertold. Perguntas de um trabalhador que lê. In: _____. **Poemas 1913-1956**. 6. ed. Tradução de: Paulo César de Souza. São Paulo: Editora 34, 2003.

1 Quais eram as funções dos monumentos erguidos na Antiguidade? Converse com os colegas e o professor.

2 O poema de Bertold Brecht cita diversos monumentos construídos na Antiguidade e questiona quem foram os responsáveis pela construção dessas obras. Com base em tudo que estudamos até o momento, como você responderia à questão do poema: quem os ergueu?

Minha coleção de palavras em História

A palavra a seguir é muito importante nos estudos de História.

MONUMENTO

1. Escreva uma frase com a palavra monumento. Lembre-se de que a frase tem que fazer referência aos temas trabalhados no capítulo.

_____

2. Os monumentos são construções, em geral, que homenageiam alguém ou algo considerado importante e pretendem, assim, preservar sua memória. Atualmente, existem várias outras formas de preservar as memórias. Cite algumas.

Como vimos, as Sete Maravilhas do Mundo Antigo foram escolhidas pelos gregos no século II a.C. Foi uma primeira ideia de registrar e valorizar construções de diferentes povos: gregos, persas, babilônios, egípcios.

Segundo relatos, elas foram obras criadas por sociedades conhecidas pelos gregos antigos e que viviam em regiões próximas ao mar Mediterrâneo.

Você sabia que outros povos, em diferentes regiões do mundo e períodos de tempo, também construíram monumentos de grande valor artístico e histórico? Vamos conhecer um pouco mais sobre eles?

1. Com a orientação do professor, pesquise informações sobre as seguintes construções:

Mesquita de Sankore, em Tombuctu, Mali, em 2016.

Templo de Angkor Wat, no Camboja, em 2017.

Detalhe do complexo arqueológico de Chan Chan, no Peru, em 2015.

Santuário em Nikko, no Japão, em 2015.

2. Depois, com base nas informações pesquisadas, monte um mural destacando:

- onde e quando essas construções foram feitas;
- quem as construiu;
- uma breve descrição de como cada uma delas era, para que elas serviam, quando foram construídas e o que aconteceu com elas ao longo do tempo.

As Sete Novas Maravilhas do Mundo

No início do século XXI, um concurso internacional foi organizado para eleger as Sete Novas Maravilhas do Mundo. Uma lista com mais de 200 monumentos existentes foi divulgada para que as pessoas pudessem votar pelo telefone ou pela internet. O resultado foi anunciado em uma cerimônia realizada em 2007, na cidade de Lisboa, Portugal. Vamos conhecê-lo?

Estes são os sete finalistas, eleitos, segundo o concurso, por centenas de milhares de votos:

- Muralha da China;
- Ruínas de Petra;
- Coliseu de Roma;
- Cristo Redentor;
- Taj Mahal;
- Chichén Itzá; e
- Machu Picchu.

Coliseu, na Itália, 2017.

Ruínas de Petra, na Jordânia, 2016.

Muralha da China, na China, 2017.

Chichén Itzá, no México, 2015.

Mapa ilustrativo. Cores fantasia.

Machu Picchu, no Peru, 2017.

Cristo Redentor, no Brasil, 2016.

Taj Mahal, na Índia, 2015.

Também conhecido como Anfiteatro Flaviano, o Coliseu de Roma começou a ser construído em 72 d.C. por ordem do imperador Flávio Vespasiano. Era um enorme anfiteatro, com arquibancadas ao redor de uma arena, onde se realizavam lutas e jogos. Foto de 2017.

Machu Picchu foi construída por volta de 1450 no topo de uma montanha da cordilheira dos Andes, no Peru, a 2 400 metros de altitude. Foto de 2017.

A cidade maia de Chichén Itzá foi construída na península de Iucatã, no México, por volta do ano 500, sendo importante polo urbano durante o século X. Na foto, de 2016, o Templo dos Guerreiros, uma das construções presentes nessa cidade.

A Muralha da China começou a ser construída em 215 a.C. para proteger a região contra ataques de inimigos e levou 19 séculos para ser concluída: seu último trecho foi feito entre 1368 e 1644. Foto de 2017.

As Ruínas de Petra, Jordânia, em 2017. Petra foi uma cidade estabelecida por volta do ano 312 a.C. como a capital dos árabes nabateus no sul da atual Jordânia. Petra foi destruída por dois terremotos, nos anos 363 e 551 d.C.

O Taj Mahal é um mausoléu situado em uma pequena cidade da Índia, chamada Agra. Ele foi construído entre 1630 e 1652 para homenagear a esposa favorita do imperador Shan Jahan. Foto de 2017.

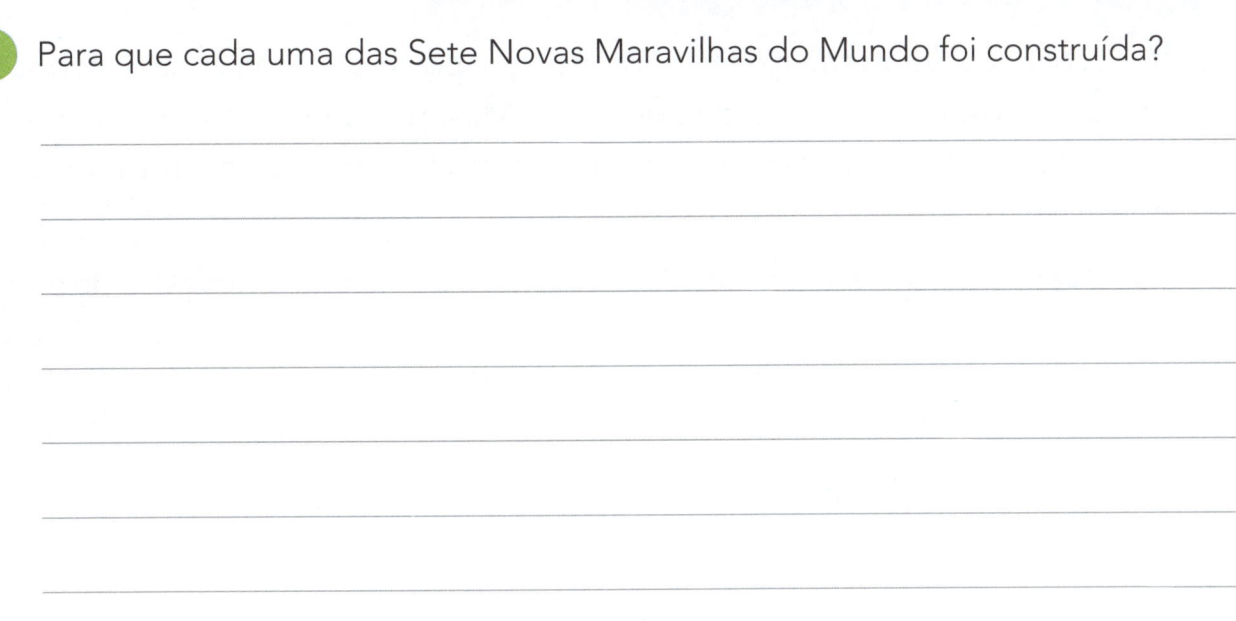

Localizado no topo do morro do Corcovado, na cidade do Rio de Janeiro, o Cristo Redentor foi construído entre os anos de 1922 e 1931 em concreto armado e pedra-sabão. Maior estátua de Cristo no mundo, simboliza o cristianismo e a paz. Foto de 2015.

1 Para que cada uma das Sete Novas Maravilhas do Mundo foi construída?

_____

_____

_____

_____

_____

_____

_____

_____

2 No caderno, elabore uma linha do tempo com as datas de construção das Sete Novas Maravilhas do Mundo.

Cada patrimônio tem sua história

Como se viu, os monumentos têm grande importância histórica. Mas muitas outras construções, principalmente nas cidades, também contribuem para que as pessoas conheçam e valorizem o passado do local. Algumas delas foram erguidas para cumprir uma determinada função, mas tiveram seu uso modificado ao longo do tempo. Essas construções são geralmente patrimônios da história.

Museu Imperial de Petrópolis, no estado do Rio de Janeiro, em 2015. O edifício que hoje abriga o museu foi construído entre as décadas de 1840 e 1850 para ser a residência de verão do imperador dom Pedro II. Com a Proclamação da República, em 1889, o edifício passou a abrigar uma escola. Em 1940, por meio de um decreto-lei, ele se transformou no atual Museu Imperial.

1 Você conhece algum edifício em sua cidade ou região que tenha se transformado em um museu, como este que abriga o Museu Imperial? Com a ajuda do professor, escolha um museu e pesquise a história dele. Depois responda às questões.

a) Quando e com qual finalidade o prédio que o abriga foi construído?

_____

_____

b) Quando ele foi transformado em um museu? Por quê?

_____

_____

c) Ele sofreu alguma transformação desde que ganhou uma nova utilidade? Qual?

_____

Como o edifício do Museu Imperial, muitos outros prédios no Brasil e no mundo deixaram de ser a residência de um monarca ou governante e se transformaram em espaços culturais.

Como espaços culturais, eles se tornaram locais de visitação popular ou pontos turísticos importantes, servindo para conhecer um pouco mais sobre a história de uma cidade ou refletir sobre o passado de um povo.

Vamos conhecer alguns?

Museu do Louvre, em Paris, na França, em 2016. Antes de ser um museu, foi usado como fortaleza e palácio real.

Museu do Prado, em Madri, na Espanha, em 2016. Inicialmente, o edifício foi construído para abrigar um Museu de História Natural.

Memorial Minas Gerais, em Belo Horizonte, no estado de Minas Gerais, em 2015. O edifício foi construído no século XIX e antes de se tornar memorial abrigava a Secretaria de Finanças do estado de Minas Gerais.

A preservação dos vestígios do passado

Nos últimos anos, cresceu a preocupação com a preservação de vestígios do passado. Entre as iniciativas de preservação estão a criação de museus, o estudo de sítios arqueológicos e a nova função atribuída a edifícios históricos.

Isso é importante, pois, em um mundo de grandes e constantes transformações como o em que vivemos hoje, a sensação de que as tradições estão se perdendo é cada vez mais forte entre as pessoas.

Entre os mais recentes museus criados no Brasil, destacam-se o Instituto Inhotim, no estado de Minas Gerais, e o Museu da Natureza, no interior do estado do Piauí.

Inhotim foi idealizado na década de 1980, mas só foi aberto ao grande público em 2006. Construído em uma fazenda localizada nos arredores da cidade de Brumadinho, a menos de 100 quilômetros de Belo Horizonte, abriga um dos acervos de arte contemporânea mais importantes do mundo.

O espaço conta também com um **jardim botânico** que preserva espécies típicas da vegetação local.

O Museu da Natureza foi construído próximo ao Parque Nacional da Serra da Capivara, um dos maiores sítios arqueológicos do Brasil, considerado Patrimônio da Humanidade pela Unesco, em 1991. O museu abriga exposições sobre a evolução da Terra e do Sistema Solar, desde a origem até os dias atuais, através das eras geológicas, bem como o surgimento da vida e a presença humana de mais de 50 mil anos na região.

jardim botânico: local dedicado ao cultivo e à preservação de diversas espécies de plantas.

Sugestão de...
Site
Inhotim.
Disponível em: <www.inhotim.org.br/visite/tour-virtual/>. Acesso em: 30 dez. 2019.

Invenção da Cor, Penetrável da Série *Magic Square*, obra do artista Helio Oiticica, exposta no Instituto Inhotim, em Brumadinho, no estado de Minas Gerais. Foto de 2017.

Museu da Natureza, localizado próximo ao Parque Nacional da Serra da Capivara, no estado do Piauí. Foto de 2018.

2 Observe novamente as imagens do Instituto Inhotim e do Museu da Natureza. Em seguida, converse com os colegas e o professor a respeito da temática de cada um deles.

Saiba mais

Você sabia que a palavra **museu** é de origem grega? Na Grécia antiga, havia um templo dedicado às nove musas do Olimpo chamado Templo das Musas. As musas eram figuras mitológicas e cada uma delas era a protetora de uma arte ou ofício.

Elas representavam a música, o teatro, a poesia, a dança, a tragédia, a comédia, a astronomia, entre outros, e esse templo, chamado *mouseion*, era o local onde as pessoas homenageavam essas musas, por meio do desenvolvimento do conhecimento e das artes.

Até hoje os museus continuam tendo um papel importante na formação das pessoas e no desenvolvimento das artes e do conhecimento.

1. Observe a imagem abaixo. Ela representa as nove musas gregas. Com a ajuda do professor, tente descobrir a que arte e ofício cada uma delas se dedicava, pesquisando em livros da biblioteca e *sites* da internet.

Bridgeman Images/Glow Images/Palácio Pitti, Florença, Itália

Dança de Apolo com as nove musas, têmpera sobre painel feita por Baldassare Peruzzi no século XVI.

2. Você já visitou algum museu? Na sua opinião, por que é importante visitar os museus e espaços de memória? Converse com os colegas e o professor sobre isso.

Há sempre novos patrimônios?

O Museu do Amanhã foi criado pela prefeitura do Rio de Janeiro em 2015. Ele foi instalado na região portuária da cidade para ajudar na **revitalização** da área, assim como o Museu Cais do Sertão foi instalado na região portuária de Recife.

A revitalização de uma região é também uma forma de ajudar na criação e na proteção de novos patrimônios históricos.

1 Observe atentamente as imagens.

● **revitalização:** em uma cidade, por exemplo, significa dar nova vida a um bairro ou região, promovendo renovações e melhorias.

Sugestão de...
Site
Museu do Amanhã. Disponível em: <http://museudoamanha.org.br>. Acesso em: 26 mar. 2020.

Vista da Praça Mauá e do viaduto perimetral na cidade do Rio de Janeiro, no estado do Rio de Janeiro, em 2012.

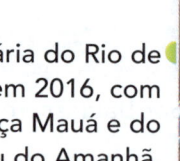

Região portuária do Rio de Janeiro em 2016, com vista da Praça Mauá e do Museu do Amanhã.

a) Quais são as diferenças e as semelhanças entre elas? O que provocou essas transformações? Converse com os colegas e o professor.

b) Por que a revitalização de determinadas áreas de uma cidade é importante?

Locais destinados à preservação da memória, como um museu, uma instituição cultural ou um sítio histórico, são espaços democráticos que podem ajudar no desenvolvimento da sociedade e no processo de formação e transformação dos indivíduos. Por isso, eles devem ser valorizados e preservados.

Vejamos o caso da transformação do Cais do Valongo, também na cidade do Rio de Janeiro, em um Patrimônio Mundial da Humanidade pela Unesco.

2 Leia o texto a seguir.

Cais do Valongo, patrimônio mundial no Rio para não esquecer o horror da escravidão

O Sítio Arqueológico Cais do Valongo, localizado na zona portuária do Rio de Janeiro, ganhou neste domingo o título de Patrimônio Mundial da Unesco. O lugar foi o principal porto de entrada de escravos africanos no Brasil e representa a exploração e o sofrimento das pessoas que foram trazidas à força ao país até meados do século XIX. [...]

A nomeação exige que as autoridades brasileiras assumam determinadas responsabilidades. "A Unesco recomenda que o Brasil adote ações específicas para a gestão dos vestígios arqueológicos, para a execução de projetos paisagísticos e para que os visitantes possam ter uma **visão holística** sobre o Cais do Valongo e o que ele representa", reconheceu o Itamaraty. "Tais medidas, que contribuirão para a preservação deste importante patrimônio cultural brasileiro, deverão ser implementadas pelos governos federal, estadual e municipal, em coordenação com a sociedade civil e as comunidades envolvidas."

• **visão holística:** visão completa ou ampla.

Sítio Arqueológico Cais do Valongo, na cidade do Rio de Janeiro, no estado do Rio de Janeiro, em 2017.

Cais do Valongo, patrimônio mundial no Rio para não esquecer o horror da escravidão. **El País**, 10 jul. 2017. Disponível em: <https://brasil.elpais.com/brasil/2017/07/09/politica/1499625756_209845.html?id_externo_rsoc=TW_BR_CM>. Acesso em: 30 dez. 2019.

a) O que era o Cais do Valongo no passado?

b) Na sua opinião, por que a transformação desse local em um patrimônio mundial é importante?

O que estudamos

Eu escrevo e aprendo

Folheie as páginas anteriores e relembre o que estudou. Depois, escreva abaixo uma frase sobre algo que você aprendeu em cada capítulo desta unidade e que antes não sabia.

Capítulo 7 – Patrimônio histórico e cultural

_____

_____

_____

_____

_____

Capítulo 8 – Mudanças e permanências no patrimônio histórico

_____

_____

_____

_____

_____

Minha coleção de palavras em História

Em cada capítulo desta unidade, há uma palavra destacada para a **Minha coleção de palavras de História**. São palavras comuns em textos de História e vão te ajudar a compreender melhor todos eles. Veja quais são essas palavras no quadro ao lado.

DEPOIMENTO,
página 140.

MONUMENTO,
página 159.

1. O que você aprendeu com essas duas palavras? Discuta com os colegas.

2. Em um quadro no seu caderno, escreva essas duas palavras e o significado de cada uma delas. O significado deve estar ligado ao que você aprendeu no capítulo.

Eu desenho e aprendo

Nesta atividade você vai utilizar a **linguagem gráfica** para retomar o que estudou na unidade. Faça um desenho ou uma colagem para representar o que é patrimônio. Lembre-se do significado e também dos tipos de patrimônios existentes.

Hora de organizar o que estudamos

Andre Dib/Pulsar Imagens

Existem patrimônios materiais, imateriais e naturais e todos eles são importantes para a preservação da memória das sociedades humanas.

▶ Vista do Pantanal em Poconé, no estado de Mato Grosso. Foto de 2017. O patrimônio natural também é importante e deve ser preservado.

O patrimônio histórico é uma das formas de preservação da memória coletiva e da história.

EQ Roy/Shutterstock

A Muralha da China começou a ser construída em 215 a.C. para proteger a região contra ataques de inimigos e levou 19 séculos para ser concluída: seu último trecho foi feito entre 1368 e 1644. Foto de 2017.

Tales Azzi/Pulsar Imagens

Patrimônio imaterial é todo o conjunto de bens intelectuais e emocionais de um povo, ou seja, o conjunto de tradições, hábitos, ofícios e outros saberes e fazeres transmitidos de geração em geração.

▶ Artesã produz panela de barro na Associação Paneleiras de Goiabeiras Velhas, um bairro da cidade de Vitória, capital do Espírito Santo. Foto de 2018.

A construção de monumentos no passado estava ligada à demonstração de poder dos governantes e a práticas religiosas.

▶ Machu Picchu foi construída por volta de 1450 no topo de uma montanha da cordilheira dos Andes, no Peru, a 2 400 metros de altitude. Foto de 2017.

Edifícios que hoje abrigam museus já tiveram outros usos no passado.

Memorial Minas Gerais, em Belo Horizonte, no estado de Minas Gerais, em 2015.

Locais destinados à preservação da memória, como um museu, uma instituição cultural ou um sítio histórico, são espaços democráticos que podem ajudar no desenvolvimento da sociedade e no processo de formação e transformação dos indivíduos.

Para refletir e conversar

- Você teve dificuldade para entender alguma atividade ou alguma explicação? Quais?

- O estudo sobre os patrimônios mudou o modo como você vê manifestações culturais, construções e espaços naturais do lugar onde mora? Explique.

- Qual a diferença entre patrimônio e monumento?

Glossário

Antiguidade (página 23)

Nome pelo qual é conhecido o período entre a domesticação das plantas no Oriente Médio, aproximadamente 12 mil anos a.C., e a Queda do Império Romano do Ocidente, em 476 d.C.

Colina da Pnyx, onde ocorriam as assembleias e as votações na Atenas clássica. No alto da escada ficava o orador, que defendia suas propostas diante dos cidadãos. Cidade de Atenas, Grécia. Foto de 2017.

Cultura (página 11)

Nome que se dá ao conjunto de realizações materiais e imateriais, valores intelectuais e morais, tradições e costumes de um povo.

Ditadura (página 26)

Regime de governo em que uma pessoa ou um grupo exerce o poder sem respeito à democracia nem à divisão dos três poderes, Executivo, Legislativo e Judiciário, dos quais, nesse tipo de regime, o primeiro se sobrepõe aos demais.

Impacto ambiental (página 67)

Mudança causada no ambiente pela atividade humana. A mudança pode ser positiva, melhorando o ambiente, ou negativa.

Mito (página 32)

Narrativa criada pelos mais diversos povos para explicar a origem do mundo e dos costumes.

Monarquia (página 26)

Regime de governo em que o rei ou o imperador é o chefe de Estado. O cargo é transmitido por hereditariedade.

Ostracismo (página 72)

Processo que existia em Atenas, na Grécia antiga, em que um político era submetido a um julgamento. Caso a assembleia o condenasse, ele seria banido por 10 anos. Isolamento, exclusão.

Patrimônio cultural imaterial (página 69)

De acordo com a definição da Unesco: "as expressões de vida e tradições que comunidades, grupos e indivíduos em todas as partes do mundo recebem de seus ancestrais e passam seus conhecimentos a seus descendentes.".

Cesar Diniz/Pulsar Imagens

Roda de capoeira em Salvador, no estado da Bahia, 2016.

giuseppe masci/Alamy/Fotoarena

Ruínas de Tulum. Canaín, México, 2016.

Propriedade privada [página 56]

Objeto, imóvel, ideia e tudo aquilo que pertence e é de uso exclusivo de uma pessoa ou grupo específico.

Regime político [página 25]

Neste volume, a forma de atuação do Estado, definindo como será a relação entre o governo e os cidadãos, para organizar, dirigir e administrar um país.

República [página 26]

Regime de governo em que pessoas são eleitas para ocupar cargos políticos e tomar decisões que afetam toda a sociedade. Geralmente, os mandatos políticos têm duração fixa.

Sítio arqueológico [página 169]

Local em que vestígios da vida humana no passado foram descobertos. Essas evidências podem ser ruínas de construções, restos de objetos ou mesmo de cadáveres humanos ou de outros animais.

Tombar [página 134]

Colocar bens móveis ou imóveis de valor histórico, cultural ou ambiental sob a proteção do governo para impedir sua destruição ou descaracterização.

Unesco [página 132]

Sigla em inglês para Organização das Nações Unidas para a Educação, a Ciência e a Cultura, órgão dedicado à preservação e ao desenvolvimento da cultura e da ciência, estimulando os países a promover o acesso a esses bens por meio da educação.

Bibliografia

Desta bibliografia não constam as referências de alguns livros dos quais foram transcritos trechos ao longo dos capítulos. Citamos as referências nos próprios textos por se tratar de fontes de leitura complementares.

ALBUQUERQUE, Manoel de et al. *Atlas histórico escolar*. Rio de Janeiro: MEC, 1991.

ALENCASTRO, Luiz Felipe de. *O trato dos viventes*: formação do Brasil no Atlântico Sul. São Paulo: Companhia das Letras, 2000.

BELER, Aude Gros de. *O Egito Antigo passo a passo*. São Paulo: Claro Enigma, 2016.

BITTENCOURT, Circe. *Ensino de História*: fundamentos e métodos. São Paulo: Cortez, 2005.

_____. (Org.). *Dicionário de datas da história do Brasil*. São Paulo: Contexto, 2007.

_____. *O saber histórico na sala de aula*. São Paulo: Contexto, 2004.

BOSI, Ecléa. *Memória e sociedade*: lembranças de velhos. São Paulo: Companhia das Letras, 2006.

BRASIL. Ministério da Educação e do Desporto. Secretaria de Ensino Fundamental. *Parâmetros Curriculares Nacionais*: Geografia/História e Temas transversais. Brasília, 1997.

_____. Ministério da Educação. *Base Nacional Comum Curricular*. Brasília: MEC, 2018.

CARPENTIER, Vincent. *A Idade Média passo a passo*. São Paulo: Claro Enigma, 2012.

CARRETERO, Mario et al. *Ensino da História e memória coletiva*. Porto Alegre: Artmed, 2007.

CASCUDO, Luís da Câmara. *Dicionário do folclore brasileiro*. São Paulo: Global, 2001.

CUNHA, Manuela Carneiro da (Org.). *História dos índios no Brasil*. São Paulo: Companhia das Letras, 1998.

DARS, Éric; TEYSSIER, Éric. *A Grécia Antiga passo a passo*. São Paulo: Claro Enigma, 2015.

DUMONT, Sávia. *O Brasil em festa*. São Paulo: Companhia das Letrinhas, 2008.

FISCHER, Steven Roger. *História da escrita*. São Paulo: Unesp, 2009.

FUNARI, Pedro Paulo A. *Grécia e Roma*. São Paulo: Contexto, 2001.

FURTADO, Celso. *Formação econômica do Brasil*. 34. ed. São Paulo: Companhia das Letras, 2007.

GESSER, Audrei. *Libras, que língua é essa?* São Paulo: Parábola, 2015.

HARARI, Yuval Noah. *Sapiens*: uma breve história da humanidade. Porto Alegre: L&PM, 2015.

HOLANDA, Sérgio Buarque de. *Raízes do Brasil*. 3. ed. Rio de Janeiro: José Olympio, 1997.

HUNT, Lynn. *A invenção dos direitos humanos*: uma história. São Paulo: Companhia das Letras, 2009.

IBGE. *Brasil*: 500 anos de povoamento. São Paulo: Centro de Documentação e Disseminação de Informações/IBGE, 2000.

INSTITUTO SOCIOAMBIENTAL. *Povos Indígenas no Brasil Mirim*. São Paulo: Instituto Socioambiental, 2015.

KARNAL, Leandro. *História na sala de aula*. São Paulo: Contexto, 2004.

LEFEVRE, François. *História do mundo grego antigo*. São Paulo: WMF Martins Fontes, 2013.

LE GOFF, J. *História e Memória*. 2. ed. Campinas: Editora da Unicamp, 1996.

_____. *Civilização do Ocidente Medieval*. Bauru: Edusc, 2005.

LENSKIJ, Tatiana; HELFER, Nadir Emma (Org.). *A memória e o ensino da História*. Santa Cruz do Sul: ANPUH/RS, 2000.

MEIRIEU, Philippe. *Aprender... sim, mas como?* Porto Alegre: Artmed, 2000.

MELLO E SOUZA, Marina. *África e Brasil africano*. 2. ed. São Paulo: Ática, 2007.

MONTEIRO, John Manuel. *Negros da terra*: índios e bandeirantes nas origens de São Paulo. 3. ed. São Paulo: Companhia das Letras, 1994.

MUNANGA, Kabengele. *Origens africanas do Brasil contemporâneo*. São Paulo: Global, 2009.

NASCIMENTO, Elisa Larkin (Org.). *A matriz africana no mundo*. São Paulo: Selo Negro, 2008.

NIKIPROWETZKY, Paul Garelli, V. *O Oriente Próximo asiático*: impérios mesopotâmicos, Israel. São Paulo: Liv. Pioneira e Editora da USP, 1982.

NOVAIS, Fernando Antônio (Org.). *História da vida privada no Brasil*. São Paulo: Companhia das Letras, 2006. 5 v.

PAULA, Eunice Dias de et al. *História dos povos indígenas*: 500 anos de luta no Brasil. Petrópolis: Vozes/Cimi, 2001.

PERRENOUD, Philippe. *Avaliação*. Porto Alegre: Artmed, 1999.

_____. *10 novas competências para ensinar*. Porto Alegre: Artmed, 2000.

PINSKY, Carla (Org.). *Nova história das mulheres no brasil*. São Paulo: Contexto, 2012.

PINSKY, Jaime (Org.). *O ensino de História e a criação do fato*. 2. ed. São Paulo: Contexto, 2009.

PORTA, Paula. *A corte portuguesa no Brasil (1808-1821)*. 2. ed. São Paulo: Saraiva, 2000.

PRANDI, Reginaldo. *Contos e lendas afro-brasileiros*: a criação do mundo. São Paulo: Companhia das Letras, 2007.

PREZIA, Benedito; HOORNAERT, Eduardo. *Esta terra tinha dono*. 6. ed. São Paulo: FTD, 2000.

PRIORI, Mary del. *História das mulheres no Brasil*. São Paulo: Contexto, 1997.

RASSI, Sarah Taleb et al. *O Brasil também é negro*. Goiânia: Ed. da UCG – Universidade Católica de Goiás, 2004.

ROSSINI, Ester Rosa et al. *Ensino e educação com igualdade de gênero na infância e na adolescência*: guia prático para educadores e educadoras. São Paulo: Nemge/CNPq, 2006.

SANTOS, Milton. *A urbanização brasileira*. 5. ed. São Paulo: Edusp, 2005.

SCHWARCZ, Lilia Moritz; SOUSA REIS, Letícia Vidor de. *Retrato em branco e negro*. São Paulo: Companhia das Letras, 2001.

SCHWARTZ, Stuart B. *Segredos internos*. São Paulo: Companhia das Letras, 1998.

SERRANO, Carlos; WALDMAN, Maurício. *Memória d'África*: a temática africana em sala de aula. São Paulo: Cortez, 2007.

SIMIELLI, Maria Elena. *Atlas geográfico escolar*. São Paulo: Ática, 2009.

_____. *Geoatlas*. 33. ed. São Paulo: Ática, 2013.

SOUSA, Maurício de. *Manual dos Índios do Papa-Capim*. São Paulo: Globo, 2011.

STRAFORINI, Rafael. *No caminho das tropas*. Sorocaba: TCM, 2001.

SWINNEN, Colette. *A Pré-História passo a passo*. São Paulo: Claro Enigma, 2010.

Sites

(Acesso em: dez. 2019.)

Casa das Áfricas – <www.casadasafricas.org.br>

Funai – <www.funai.gov.br>

IBGE – <www.ibge.gov.br>

Instituto Socioambiental – <www.socioambiental.org>

Museu Afro Brasil – <www.museuafrobrasil.org.br>

Museu Histórico Nacional – <www.museuhistoriconacional.com.br>

Museu da Pessoa – <www.museudapessoa.net>

Núcleo de Estudos Afro-Brasileiros – <www.neab.ufpr.br>

Núcleo de História Oral – <www.fflch.usp.br/dh/neho>